GLAUCIA OLIVEIRA

ME ATREVO
a hablar

VERDADES, CICATRICES
Y FE DETRÁS DEL LLAMADO

A menos que se indique lo contrario, las citas de la Escritura han sido tomadas de la Santa Biblia, Reina-Valera 1960 ® © Sociedades Bíblicas en América Latina, 1960. Renovado © Sociedades Bíblicas Unidas, 1988. Usadas con permiso. Todos los derechos reservados. Las citas de la Escritura marcadas (NVI) han sido tomadas de la Santa Biblia, NUEVA VERSIÓN INTERNACIONAL® NVI® © 1999, 2015, 2022 por Biblica, Inc.® Usadas con permiso de Biblica, Inc.® Reservados todos los derechos en todo el mundo.

Cursivas, negritas y subrayados en textos o citas bíblicas son énfasis del autor.

ME ATREVO A HABLAR
VERDADES, CICATRICES Y FE DETRÁS DEL LLAMADO
© 2025 por Glaucia Oliveira

Paperback: 978-1-963920-46-8
Hardcover: 978-1-963920-47-5
eBook: 978-1-963920-48-2

Publicado por Editorial Renacer
Editado por: Ofelia Pérez
Diseño de portada y diagramación: Pablo Montenegro

Impreso en Colombia

Ninguna parte de este libro puede ser reproducida o transmitida de ninguna manera o por ningún medio, electrónico o mecánico — fotocopiado, grabado o por ningún sistema de almacenamiento y recuperación (o reproducción) de información— sin permiso por escrito de la casa editorial.

CONTENIDO

Recomendaciones 5
Dedicatoria 9
Agradecimientos 11
Prólogo 13
Introducción 15

1. Valiente, perseverante y obediente 17
2. Matrimonio y ministerio: comienzos desafiantes 25
3. Sin autoridad ni poder 35
4. Límites de la ayuda idónea 43
5. Llamado de los dos, cada uno en su deber 55
6. Pregúntate "¿quién soy yo?" 65
7. Abraza tu propósito 77
8. El ejemplo de Ester 85
9. Desata en ti el poder del propósito 101
10. La gracia antecede al poder 115
11. Orgullo: el peor enemigo de la gracia 127
12. Discierne los tiempos 143

Palabras finales 159
Acerca de la autora 161

RECOMENDACIONES

Poder escribir esta nota sobre Glaucia para su libro, me hace sentir honrada. A la vez pensé que era una buena ocasión para compartir desde mi perspectiva de mujer y amiga lo que han sido estos años compartiendo con ella. En la vida y con el paso del tiempo, tenemos la oportunidad de conocer muchas personas, pero Dios me permitió congeniar de una manera divertida y a la vez profunda con Glaucia desde el instante en que nos conocimos. Si hay algo que me llamó la atención tan pronto la vi fue su transparencia e integridad. Ella es la misma persona siempre, tanto si está en un altar predicando o está compartiendo una cena. Como esposa, madre, hija o amiga es sencillamente especial.

En un mundo donde la identidad de la mujer tanto dentro como fuera de la Iglesia está tan tergiversada, es realmente alentador encontrar a una mujer como Glaucia que desde muy niña ha sabido amar a Dios y servirle. Es una mujer que sin duda alguna necesitamos escuchar en estos tiempos complejos y turbulentos. A través de este libro estoy segura de que podremos encontrar un mensaje no solamente diáfano y puro, sino también inspirador, que nos retará a vivir nuestra vida con Dios de una manera más radical y comprometida.

PASTORA MARÍA PAULA ARRÁZOLA
Iglesia Cristiana Ríos de Vida
Cartagena, Colombia

Hay encuentros que están diseñados mucho antes que se produzcan. Hace más de 10 años, me encontré con mi pastora, amiga, compañera. Un encuentro genuino, sin presiones, sin intereses. ¡Fue Dios! Conocí una hermosa mujer, a la que admiro, dadora de vida, nunca destruye, es una constante constructora de valores, sabiduría, prudencia. Pasamos juntas momentos muy divertidos y también muchos dolores; experiencias que transcurrieron en las cuales su silencio y fe fueron una gran enseñanza.

Somos de generaciones con 20 años de diferencia, pero mi amada nunca permitió que fuera un obstáculo para construir un vínculo enriquecedor y con mucho amor. Su ternura, empatía, templanza me transmitieron seguridad y paz. Su fe es inquebrantable, no invade, no juzga. Amo sus risas, la capacidad de seguir creciendo. Con ella me animé a volar, con ella me sentí joven, con ella sané el alma, fui consolada, recibí los abrazos y besos cuando mi alma estaba quebrada.

Amo reírnos juntas, amo las charlas de crecimiento, amo los silencios, su sinceridad. Es la amiga que sin verme sabe cómo estoy. Doy gracias a Dios, porque sé que fue un diseño de Él. No hay distancias, no hay edad, solo hay una elección libre. Pastora, amiga Glaucia, no puedo definirla, en una palabra. Siempre dije que un amigo es donde el alma descansa. Sin duda mi alma, que venía cansada, descansó en esta bella amistad. Con la transparencia de ella en este libro contando sus experiencias, usted podrá aprender y ser bendecida como yo he sido a lo largo de esos años.

RITA MONTES
Argentina
Coach, Maestra y Evangelista

RECOMENDACIONES

Al pensar en Glaucia, a mi mente vienen varias palabras: transparencia, honor, risas y, sobre todo, amor a Dios. Conocerla de cerca ha sido un regalo para mi vida. Cada vez que hablamos y que nos reunimos, nuestro tema de conversación es Jesús. Es importante que las personas con las que nos relacionemos hagan un impacto en nuestra vida para bien. Cada vez que paso tiempo con ella, mi vida es bendecida. Además de eso, compartir con ella el llamado de ser la esposa de un hombre con influencia y con un ministerio global, nos ha unido más, porque no es fácil vivir una vida pública y mantener la misma esencia en todo lugar.

Glaucia no tiene doblez, es la misma en todos lados. Ella ha aprendido a caminar de la mano de Jesús para edificar la vida de su familia y apoyar a su esposo dondequiera que Dios los envíe. Espero que este libro sea usado para alcanzar a muchas mujeres que quieran amar a Dios. Glaucia puede enseñarnos tanto sobre la flexibilidad, sobre la valentía, sobre la honra a su esposo y el amor a sus hijos. Gracias, amiga, por conocerte, y a Dios por ponerte en mi vida.

ALEJANDRA PUTZU
Guatemala
Pastora, salmista y Líder Principal
de Esposas de Legendarios

DEDICATORIA

Dedico este libro a Dios, a quien rindo todos los días honra y gloria, y mi eterno agradecimiento por haber elegido mi vida para ser portadora de su Palabra; por haberme elegido a pesar de mí.

AGRADECIMIENTOS

Agradezco a mi padre, Carlos Barreto (in memoriam) por haber creído en mí y ser uno de mis mayores incentivadores e intercesores durante los 40 años que compartió su vida conmigo.

Agradezco a mi madre, Silvia Barreto, por ser un testimonio y ser uno de mis mayores ejemplos.

A mi esposo, que siempre creyó en mí y cada vez que quise desanimarme, tuvo una palabra de aliento para que yo siguiera adelante con los proyectos de Dios para mi vida.

Mis hijos, Gabriel, Lucas y David porque ellos son unas de mis mayores motivaciones para ser cada día mejor. Por ellos también me nació el deseo de dejar escrita mi historia para que mis generaciones pudieran ser bendecidas. Ellos fueron quienes me enseñaron las lecciones más valiosas que no podría haber aprendido con ningún otro maestro.

A mis amigos, con quienes aprendí que lo más valioso son las conexiones que vamos haciendo en el camino mientras vamos cumpliendo con nuestro propósito, aquellos que lograron mirarme por detrás de las cortinas más allá de mis títulos.

A la amada congregación Nueva Alianza, a la cual pastoreo junto a mi esposo, que es el hogar donde aprendí la mayoría de las lecciones que comparto en este libro.

Agradezco principalmente a ustedes, para quienes este libro fue escrito. Gracias por aceptar la invitación de vivir juntos una jornada mientras usted lee este libro y yo le comparto mis experiencias.

PRÓLOGO

No tengo duda en afirmar que la persona que más se parece a Jesús, que yo conozco hasta el día de hoy, se llama Glaucia Oliveira.

Glaucia es una mujer verdadera que no negocia con sus principios ni con valores. A lo largo de estos años, soy testigo de su entrega y de su búsqueda constante por ser la buena esposa, buena madre, buena pastora, buena lectora y ahora buena escritora.

También soy testigo de sus silencios, de sus luchas internas, de sus lágrimas para ser verdadera en un mundo donde se aplaude la mentira y la falsedad; un mundo donde parece que ser verdadero es lo peor que le puede pasar a alguien.

Su madurez me inspira, su corazón me impacta, siempre digo que Dios habla con ella, no conmigo, pero como duermo a la par, yo escucho todo y predico.

Siempre dije que el día que mi esposa escribiera un libro, yo sería el primero en leerlo y el primero en recomendarlo. Su visión de la vida es única, su visión de la iglesia es coherente, su visión en relación con todo lo que pasó y pasa en la actualidad es precisa. Estoy más que seguro de que este libro contribuirá a la vida de miles y miles de personas.

A mis 40 años de vida puedo decir que viví mitad de mi vida sin Glaucia y mitad de mi vida con ella. Aprendí y aprendo con ella, crecí con ella y para mí es un privilegio poder escribir su prólogo y decir que la autora no solo escucha a Dios, sino que obedece a Dios.

Te presento a una mujer verdadera, genuina, sincera, que vive lo que predica y enseña de lo que vive. Estoy seguro de que vas a descubrir y a crecer mucho con cada enseñanza, testimonio y revelación; personas como ella inspiran. Si me preguntas si la autora es buena, te contestaría con otra pregunta: ¿Por qué crees que decidí vivir con ella todos los días de mi vida?

PROFETA RONNY OLIVEIRA
Pastor, Ministerio Nueva Alianza
Argentina

INTRODUCCIÓN

Este es un libro de corazón a corazón. Estoy segura de que nació, a su vez, en el corazón de Dios, hace mucho tiempo atrás. Fue entonces cuando Él decidió permitir que yo pasara por algunas experiencias, para que tuviera propiedad de lo que años más adelante escribiría para ayudar, de alguna forma, a mujeres que están empezando en el ministerio; aquellas que ya están en ese camino de servicio al Señor; y las que, luego de convertirse en esposas de hombres escogidos por Dios, extendieron su llamado particular al llamado de ser "la esposa del pastor".

A ese servicio se añaden muchas responsabilidades que, en determinados momentos, parecen superar nuestra capacidad humana de poder administrar todo. A estos múltiples roles, al final, la mayoría de las veces se nos añade ser "pastoras". A la larga, yo he tenido que lidiar con tres llamados ministeriales del Señor: el que me asigna individualmente, el de esposa del pastor y el de pastora...sin contar los de madre y esposa.

Mi objetivo no es darte una respuesta mágica, sino una herramienta para que las verdaderas experiencias que he vivido sean una iluminación para ti. Quiero que sigas tu camino sabiendo que no eres única en pasar por ciertas situaciones difíciles, dolorosas, aun siendo un seguir de Cristo.

Aquí, por primera vez, abriré mi corazón como una joven que se guardó en el Señor para su esposo. Hablaré de cómo fue recibir el llamado tan diferente de todos los que me rodeaban; de cómo fue el proceso de conocer a mi esposo y casarme; de mis vivencias inesperadas como misionera durante 18 años en una nación diferente a la mía; de cómo fue ser mamá en medio de toda esa vida tan "anormal"; de enfrentar las realidades de mi entorno para ser la esposa de pastor; de conquistar retos que seguramente has pensado que no van a ocurrir en el ambiente cristiano; desarrollar sabiduría para armonizar con los conceptos de Dios mis convicciones de ayuda idónea; y, sobre todo, de mi experiencia de pasar de ser esposa de pastor, a ser pastora…

En ocasiones, verás mis consejos desglosados; otras veces los recibirás a través de mis situaciones reales, de las que aprendí mucho sobre las personas y sobre el Señor que me llamó. Aprovecha la oportunidad de aprender y no temas. Mis vivencias, impresiones y malos momentos están acompañados de soluciones y lecciones que dan los resultados que deseamos. Te aseguro que te facilitarán el cumplimiento de tus múltiples roles dentro de ser "la esposa del pastor".

Tengo mucho para compartir y sé que, leyendo estas páginas, nacerán en ti la esperanza, la confianza en ti misma y la seguridad en el Dios que te llamó. Tendrás nuevas fuerzas y se cumplirá el propósito de Él en ti, bajo su favor, no importa lo que tengas que enfrentar. ¡Caminemos!

1

Valiente, perseverante y obediente

Yo tuve la gran bendición de que a los tres meses de vida mi mamá conociera a Jesús. Tuve el privilegio de crecer dentro de una iglesia, siempre acompañando a mi mamá a los servicios de mujeres, a los cultos de ayuno, a las oraciones en la madrugada, las limpiezas del auditorio. Desde pequeña pude ver el ejemplo de mi mamá, y de ella aprendí sobre el servicio a Dios. Antes de salir a hacer cualquier cosa para Dios (mi papá no era cristiano), mi mamá limpiaba la casa, dejaba la comida lista. Ella no quería descuidar su hogar y mi papá nunca vio un mal testimonio de que ella atendiera primero lo de afuera. Él, mis hermanos y yo siempre fuimos una prioridad para mi mamá.

Ya entrando a mi adolescencia, como éramos de una iglesia muy tradicional, empecé a sentirme rara cuando me iba al colegio. Sentía que mi vida era solo estudiar e ir a la iglesia.

Como mi papá todavía no era cristiano, yo comencé a pensar en dejar eso de ser cristiana para vivir como vivía mi papá. Me daba la sensación de que la iglesia era una prisión y que en el mundo yo sería más libre, porque casi todo lo que yo deseaba o veía a otros hacer era pecado. Pero cuando hay una madre que ora, todo cambia. Yo quería quedarme con mi papá en casa y él, no sé si para no hacerse cargo de nosotros, siempre me decía que me fuera con mi madre a la iglesia. Hoy sé que ese era el cuidado de Dios conmigo.

Mi mamá, una mujer de fe, oró por nueve años para que mi papá se convirtiera, y nosotros, los hijos, orábamos con ella todos los días a las 6:00 pm por la conversión de mi padre. A los cinco años me acuerdo de que yo ayunaba para invitar a mi papá a ir a la reunión; muy rara veces él aceptaba la invitación, pero mi mamá siempre decía, "no vamos a desistir". Para nuestra sorpresa y el cuidado de Dios manifestado, un día, ya entrando yo en mi fase de rebeldía mi papá se convirtió, y ya no había excusas: todos teníamos que asistir la iglesia.

Decidí involucrarme en muchas áreas de la iglesia, equipo de alabanza, en las misiones, con los niños … para mí era una excusa para pasar más tiempo fuera de casa. Lo que menos sabía era que Dios ya estaba preparándome para el ministerio.

Mi futuro estaba a la puerta

Tenía mis 17 años terminando ya la escuela para ir a la universidad, cuando llegó un joven a la iglesia. Como era nuevo, todas las chicas andaban detrás de él; a mí no me llamaba la atención. Él empezó a ser parte del grupo de alabanza, y yo siempre le aconsejaba que se cuidara, pero sin doble intención.

Aquel joven empezó a tocar la batería y a asistir a las clases de guitarra que yo ofrecía, pero no practicaba. Parecía que no tenía mucho interés en aprender. Entonces un día me dijo: "Hermana Glaucia, necesito hablar contigo". Yo respondí: "Claro". Me dijo: "Creo que estoy sintiendo algo diferente por ti". Mi respuesta literal fue: "La sangre de Cristo tiene poder. Lo que tú quieres es desenfocarme, recién vienes del mundo y piensas que es igual en la iglesia". Le di un sermón, creo que mayor que el sermón de la montaña.

El joven no era nada físicamente de lo que yo había imaginado. Vivía en una de las peores calles del barrio, único cristiano de su casa, recién convertido. No tenía nada para ofrecerme. Era un año más chico que yo. De verdad, cumplía con "0" requisitos. Pero él insistió que era solo orar y le dije, "está bien". Entre mí decía: "Dios no va a contestar Él mismo, y esta es la manera más rápida de sacármelo de encima".

En ese medio tiempo mi papá empezó a orar durante seis meses por una conferencia de misiones de la que él era responsable y él pedía a Dios que levantara misioneros. Llegó el día de la conferencia y en la hora que hizo el llamado, Dios tocó mi corazón para que yo entregara mi vida a las misiones, y fue bien fuerte, porque yo había tomado la prueba para entrar en la universidad. Aquel año el puntaje había subido como nunca, y yo por menos de medio punto no logré entrar a universidad, pero seguía estudiando para la próxima oportunidad que tendría en meses. Cuando Dios me llamó, renuncié a ese sueño, ya estaba empezando a tener sentimientos por aquel joven, y entregué todo en el altar del Señor.

Llamado de misionero

Mi papá quedó sorprendido porque él oraba por un misionero y Dios levantó a su hija. Aquella noche los predicadores que estaban en aquella conferencia dijeron: "Nosotros tenemos un centro de entrenamiento para enviar misioneros a los países no alcanzados". Yo dije: "Yo quiero ir".

El lunes, después de la conferencia, me estaba metiendo en un carro para viajar 18 horas con personas que había conocido en aquel fin de semana. Iba a conocer la base misionera. Me quedé una semana en aquel lugar y regresé con la convicción de solo buscar mis cosas y regresar a prepararme para ir a África.

Dios cambió mi vida en un fin de semana. Recuerdo que mi papá me dijo: "Yo te voy a comprar un vuelo para que no viajes sola muchas horas". Yo dije: "Nunca me subiré en un avión". Tenía terror a las alturas y 17 años, y nadie en mi casa se había montado en un avión. Mi papá dijo: "No hay opción, eres valiente, subirás a ese avión".

Hoy veo lo bueno que es tener a alguien que ve más allá y que muchas veces no te da opción para que des lugar a tus miedos. Yo sufría pensando en estar sentada sola en los últimos asientos del avión, donde más se movía. Logré llegar a casa para despedirme y empezar a vivir una nueva temporada de mi vida.

Mi papá, desde muy pequeña, me decía, "eres una gran mujer". Cuando no era cristiano, me decía, "serás una gran doctora", pero luego de ser cristiano, él decía, "serás una misionera". Yo decía que no, jamás, "ser misionero es sufrir mucho". Pero las palabras, aún más de los padres, tienen poder. Cuando di la noticia, todos decían: "Glaucia es muy hija de papá; no va a aguantar el entrenamiento". Pero yo estaba convicta.

Le dije a aquel joven que Dios me estaba llamando y entre quedarme con él u obedecer a Dios, yo decidía obedecer a Dios. Él me dijo, "pero yo también tengo llamado a las misiones", y yo dije: "Yo voy a ir; si usted me alcanza sabremos que es de Dios. Si no, que cada uno siga su camino". Él insistió: "Pero quédate con Dios, con las misiones y conmigo". Respondí: "Tenemos un trato; si el pastor te envía a la escuela misionera, eso sigue".

Entonces me fui a otro estado a reunirme con cientos de jóvenes para prepararse a ir a los países no alcanzados por el evangelio. Me comunicaba con aquel joven por carta y una vez a la semana unos cinco minutos. Él fue a hablar con el pastor y el pastor dijo que no lo enviaría porque la misión de él se llamaba Glaucia. Pasaron 8 meses. Yo tenía que seguir mi entrenamiento en Argentina. Ya medio quería desistir de aquel joven porque él no había logrado entrar en la escuela misionera, y yo no iba a renunciar por él.

En Argentina empecé a enfermarme, los médicos no encontraban la solución y yo no quería renunciar, pero los médicos decían que mi problema era un caso para cirugía. Un día Dios me dijo: "Glaucia, yo estoy interviniendo en tus planes. No irás a África. Yo tengo una obra grande contigo en Argentina". Yo no quería aceptar, pero no tuve opción. Los directores de la escuela misionera me dijeron que tenía que regresar a Brasil. Volví y tuve que desligarme del proyecto de ir a África. Hasta hoy creo que, en parte, esa intervención fue resultado de la oración de aquel joven. Él entendió que Dios permitió que yo retrocediera como respuesta a su oración, porque no le permitieron ir para alcanzarme.

Oposición familiar vencida

Aquí se sumó otro gran problema porque ni mi papá ni mi familia querían a aquel joven. Lo veían sin futuro, con muy poco tiempo de convertido. Yo le dije: "He regresado quizás por tu oración, pero quiero decirte algo: yo no tendré nada contigo sin la bendición de mis papás. Yo solo voy a relacionarme con alguien si tengo la bendición de ellos; si no, ni empiezo, porque sé que no va a funcionar".

Nos pusimos de acuerdo en orar y ayunar todos los domingos hasta que hubiera una respuesta favorable de mis papás. Me acuerdo de que el joven habló a mi mamá, y ella le dijo: "Si realmente amas a mi hija, aléjate de ella". Él me dijo que ella tenía mucha razón, pero en ese tiempo Dios ya me había confirmado de maneras muy personales que él sería mi esposo.

Sin embargo, yo tenía a aquel joven bajo observación. Algunas de las cosas que yo notaba era que, aunque sí me quería, nunca dejaba de ir a una reunión, a una vigilia, o al evangelismo por quedarse hablando conmigo. Él siempre ponía a Dios en primer lugar, y yo me decía: "Ese que recién conoce a Dios ama más a Dios que otros que yo vi crecer en la iglesia". Su devoción a Dios hacía que yo me acercara más a Dios. Era un joven que cumplía con su trabajo, y siempre su abuelita andaba detrás de él. Nunca le pedía a su abuela que se alejara; nos hacía a todos querer a la abuela por la manera como la trataba.

Yo pensaba: "Es un hombre que ama a Dios por encima de todo, porque en plena juventud aceptó a Cristo por voluntad propia, es el único cristiano de su casa, es trabajador, respetuoso y cuida a la abuela, todas son buenas señales". Durante un año oramos y ayunamos, y fui viendo cómo Dios fue cambiando el corazón de mis papás. Lo que parecía imposible, ahora estaba empezando a cambiar.

Yo ya había aprendido el poder de la oración cuando oré con mi mamá durante años por la conversión de mi papá, así que no desistí. ¡Llegó el gran día cuando mi papá aceptó que aquel joven fuera hablar con él!

Aquel día sucedieron tres cosas insólitas:

1) La primera fue que cuando aquel joven vio cuál era mi casa, quedó asustado y yo no sabía por qué. Después por boca de él supe que, cuando él no era cristiano y pasaba necesidades, entraba en mi casa para robar mangos para

comer. Muchas veces mi hermano le exigía que se retirara de nuestra propiedad y él le decía a mi hermano que fuera a pelear con él. Por supuesto, él temía que mi hermano lo reconociera aquella noche.

2) La segunda es que en aquel tiempo el gobierno de Brasil había abierto una opción para que los jóvenes estudiantes abrieran una cuenta en el banco con $1 (dólar) y él había abierto esa cuenta. En ese entonces él andaba descalzo por no tener zapatos, pedía prestado para ir a la iglesia, dormía en el piso, y muchas veces se alimentaba de los desechos. Aquel día mi papá le preguntó qué tenía para ofrecerme y él dijo que tenía una cuenta bancaria. Pero me confesó que oraba para que mi papá no preguntara cuánto tenía en la cuenta, o si no, todo estaría arruinado.

3) Tercero, ya mi papá le había dado permiso y le dijo todos sus puntos, como que no podría estar en mi casa todos los días, nada de andar a los besos, que noviazgo del cristiano es para casamiento, y que no podría pasar de las 10 pm en mi casa. Mi papá nos invitó a arrodillarnos y dijo: "Quiero orar por ustedes". Ronny oraba para que no se manifestara aquella oración.

Así que ya con el permiso de mi papá empezamos un noviazgo como ya habíamos estado orando y ayunando por un año. Estábamos convencidos de que era de Dios. Él sabía que Dios me había dicho que regresaría a Argentina. Empezamos a construir una pequeña casa, a comprar los muebles porque sabíamos que nos casaríamos e iríamos a Argentina, pero que debíamos tener nuestra casa en Brasil.

2

Matrimonio y ministerio: comienzos desafiantes

En un año de noviazgo nos casamos. Mis papás, muy sabiamente, me dijeron: "Es tu decisión, queremos que sepas que no hay marcha atrás; no te aceptaremos de vuelta en casa por cualquier tipo de discordia entre ustedes". Mi papá le dijo a mi esposo cuando me entregó en el altar: "Hasta hoy la cuidé, le di lo mejor; si no vas a poder hacerlo mejor que yo, todavía hay tiempo". Para que no nos quede duda, mi esposo siempre dice que bajo esa atmósfera de gloria nos casamos.

Después de la boda y la luna de miel llegamos a casa y me acuerdo de que le dije a mi esposo que fuera a buscar sus cosas. Yo pensé que vendría con su gran mudanza y llegó con su cajita con un pantalón, una camisa, un perfume por la mitad, una Biblia y una corbata. Yo pregunté: "¿Dónde están las demás cosas?". Él contestó: "Eso es todo lo que tengo de estos 19 años". Pensé: "La cosa está más seria de lo que pensaba". Él comentó: "Voy a dormir en una cama por primera vez, porque de lo que recuerdo no he dormido en una cama".

Humanamente era la peor decisión de mi vida. Todos me decían: "Te guardaste pura para entregarte a ese hombre que va a arruinarte la vida; morirás de hambre". Sin embargo, en lo más íntimo de mi corazón yo estaba convicta que de que Dios me había dicho que haría de Él un gran hombre y que la manifestación de su llamado sería mucho mayor y más amplia que mi llamado.

La adaptación del casamiento fue bien difícil, porque, aunque estábamos convencidos de que Dios nos había unido, había una historia de 20 años detrás de dos jóvenes con historias muy diferentes. Yo nunca pasé necesidades, en mi casa me hacían la comida aparte porque yo no comía cualquier cosa. Siempre hemos comido en la mesa con los cubiertos; Ronny comía sentado en el piso, parado, viendo el televisor, siempre con una cuchara para terminar más rápido.

Yo lograba visualizar a dónde él llegaría, pero él no se veía así. Tenía una estima propia baja, a causa del abandono del padre y de haber crecido con la abuela. Era el hijo mayor que tenía que proteger a sus hermanos, y renunciar a muchas cosas por ellos. Mi primera labor con él fue afirmarlo mucho, decirle que yo creía en su potencial, que llegaría muy lejos, que si no hacía las cosas por él, que las hiciera por mi fe y para que yo no quedara en vergüenza. Así empecé a afirmar a mi guerrero, a enseñarle a comer con los cubiertos, a decirle que existía ropa para dormir, ropa de salir, ropa de trabajo porque para él todo era lo mismo. Bajé a su nivel, porque entendía que él debía elevarse porque si como cabeza entendía su papel, entonces yo también crecería.

¿Oportunidad o prueba?

A las pocas semanas, una amiga que estaba de misionera se contactó conmigo y me dijo que conocía un lugar en Argentina donde había mucha necesidad y gente que quería congregarse, pero no había pastores. Nuestro corazón ardió. No podíamos creer que existiera un lugar donde hubiera gente para escuchar la Palabra, pero no había quien la predicara. Fue así como oramos y sentimos que era el lugar para nosotros. Contactamos por correo a unos pastores de aquel lugar, Beto y Silvia Sánchez, que dijeron que nos recibirían con mucho gusto.

Muchos a nuestro alrededor decían: "¿Cómo van a ir? Están de luna miel", pero nosotros decidimos dar a Dios nuestras primicias del casamiento, nuestra mejor fuerza. A los dos meses y medio de casados, sin estrenar mi cocina, los regalos de boda quedaron sin usarse, Ronny salió de su trabajo y yo también, y con ese dinero compramos nuestro boleto de bus a Argentina. Llevamos lo que podíamos; viajamos 5 días en un bus de Brasil a Argentina.

Cuando llegamos al lugar sin almorzar ni cenar en esos 5 días en bus, sin hablar español, los pastores nos recibieron en su casa pastoral. Todo aquel deseo de predicar se me fue por unos instantes. El lugar parecía un desierto, las casas eran de barro, techos de paja. Yo decía, "bajamos en África; esto no es Argentina". Cuando estábamos aun en Brasil, Dios nos dijo: "Cuando lleguen a la tierra que les daré, va a llover". No entendíamos el porqué; llover para nosotros en un país tropical es muy normal. Pero cuando llegamos, en aquel lugar nos dijeron: "No pueden consumir el agua de la tierra porque está enferma, aquí solo tomamos agua de la lluvia". Fuimos a mirar y ya casi no había agua. No había llovido durante nueve meses.

> "Muchos me decían: 'Te vas a arruinar la vida', pero en lo más íntimo de mi corazón, yo sabía que Dios me había dicho que haría de él un gran hombre."

Yo oré y dije: "Dios, que no llueva, no confirmes que este es el lugar". Allí fue donde entendí que había gente, pero no había pastores. Recuerdo que los pastores que nos recibieron nos brindaron lo mejor que tenían: una cama de una plaza en la sala de su casa pastoral donde todos entraban sin pedir permiso. Los recién casados, uno dormía para arriba y otro para abajo.

Pasaron dos días y yo feliz porque no llovía, ya me veía regresando a casa con todas mis 10 maletas, 9 y media mías y media maleta de Ronny. Y al tercer día se armó el cielo y empezó a llover. La gente lloraba de alegría y yo de tristeza; era la confirmación de que aquel era el lugar. Llovió por 7 días para que no me quedara duda. Empezamos un proceso de adaptar a un casamiento una nueva cultura, un nuevo idioma. Fue un proceso muy duro a pesar de saber que estaba en el centro de la voluntad de Dios. Comenzaba una historia que yo no tenía idea de hasta donde llegaríamos. Nos quedamos unos meses con esos pastores porque no sabíamos hablar el idioma.

Luego fuimos a una ciudad cercana donde había una iglesia con miembros, pero no había pastores. Había casa pastoral. Estábamos felices cuando llegamos a la casa y dijimos: "Por lo menos hay heladera". Cuando abrí la puerta, la puerta se cayó en mis manos. Dije, "hay cama". Nos sentamos en la cama y la cama se cayó porque tenía ladrillos debajo. Para mí no era fácil porque yo tenía todos los muebles nuevos sin estrenar en mi casita de Brasil.

Pasaron dos meses y nos llegó un correo notificando que la iglesia que nos ayudaría financieramente empezaría una construcción. Lo primero que hicieron fue avisar que no nos enviarían la ayuda, así que pedimos que nos enviaran los boletos para regresar. Nunca recibimos una contestación.

Entonces entendimos que Dios quería probar nuestro corazón a ver si permaneceríamos sin algo seguro. Aquella palabra de que cuando Dios cierra una puerta, el hombre no la puede abrir, nos aplicaba. En aquella ciudad no conocíamos a nadie, íbamos a la iglesia y solo había tres ancianas que se turnaban para ir al culto. Ellas pedían que cambiáramos los horarios de la reunión casi siempre. Teníamos que ir a su casa a buscarlas, y muchas veces en la reunión éramos solo los dos. Yo cantaba; mi esposo, que había estado todo el día preparando la prédica, me la predicaba a mí; terminábamos el culto e íbamos a la casa.

En ese momento no estábamos ungidos como pastores, éramos misioneros. Y a ese título de "esposa del pastor" era al que le huía siempre. ¿Por qué? Porque yo crecí viendo cómo la esposa del pastor se privaba de su vida para hacer lo que los demás esperaban de ella y tenía que ser modelo de santidad. Crecí en una denominación donde el título "pastora" era pecado, pero yo veía que quien pagaba el precio en oración en la organización era la esposa del pastor.

En mi mente, ella era obligada a ser como los demás querían que fuera (santa); la primera en llegar y última en salir; la que organizaba todo y no había ningún tipo de reconocimiento. Lo más difícil era que veía a casi todas las esposas de pastores, tristes, frustradas, teniendo que defender a sus niños, que deberían ser el ejemplo de santidad en miniatura. Realmente yo anhelaba desde lo profundo de mi corazón casarme con alguien que fuera un simple miembro de la iglesia.

Yo le decía a Dios: "Seré una buena profesional, voy a sostener misioneros. Así te voy a servir". Pero todo cambió con el llamado a las misiones, y ahora sin darme cuenta por una necesidad estaba asumiendo la responsabilidad de un pastoreo. A pesar de que mi corazón anhelaba hacer la voluntad de Dios y sabía que en aquel momento estaba en el centro de la voluntad de Dios, las pruebas sobrevinieron porque no es solo la intención o el deseo; para que Dios cumpla su propósito nos permite las pruebas.

Dependencia de Dios

Te voy a contar unas de las pruebas más difíciles, porque yo no quería depender de nadie y eso de alguna manera incluía a Dios también, porque yo creía que yo podía hacer la voluntad de Dios y ser mi sustento, y no hablo de lo material, estoy hablando de la confianza. Lee lo que nos sucedió.

La reserva de comida fue terminando. En la iglesia había unas donaciones de ropa y las juntamos para hacer un bazar de ropas, para ver se conseguíamos algo para comer. A veces de todo lo que se recaudaba en la iglesia, nos daban diez pesos para pasar toda la semana, pero eran prestados. Mi esposo y yo nos sentíamos humillados de tener que pasar 5 horas en la iglesia orando para que alguien entrara, y nos pagaban 0,50 centavos por la ropa que nos había costado 50,00.

En ese momento había un silencio de Dios hacia nosotros, pero también vimos la fidelidad de Dios en los detalles. A mí no me gusta la fruta, pero cuando uno está en pruebas desea todo hasta lo que no le gusta a uno. Le dije a mi esposo que quería comer mazanas, y él dice que salió a orar porque él escuchaba que el enemigo lo acusaba diciendo, "5 meses de casados y ella ya tiene que vender la ropa para comer". Entonces él dijo: "Dios, ella es mi esposa, pero antes de eso es tu hija".

Pasaron unos minutos y alguien tocó en la puerta, le abrimos y ella dijo que era una misionera que venía desde Japón. No hablaba bien, nosotros tampoco, pero dijo que en su cultura en la primera visita había que llevar un regalo. Fui a la cocina a ver qué era el regalo, y como puedes imaginar, eran las más bellas y ricas manzanas que comí en mi vida. Hubo muchos otros testimonios de personas que entraban en el supermercado, Dios las dirigía sobre lo que tenían que comprar, y llegaban a nuestra casa con cosas que habíamos deseado, pero ni siquiera habíamos hablado.

Vivimos así por siete meses hasta que por fin llegó la provisión para que regresáramos a Brasil. Mi oración era: "Señor, hemos quedado aquí mismo sin tener para sostenernos, y muchas veces éramos solo los dos en la reunión. Si es tu voluntad que regresemos, prepara una iglesia que realmente se comprometa con las misiones". Con esa oración sincera regresamos a nuestro país. En los próximos capítulos seguiré con esta historia, que se trata de estar firme en el Señor, sostener la fe y ser fiel a nuestro llamado, porque no fue nada fácil. Ahora quiero detenerme y darte algunos consejos muy útiles, porque para ayudarte me decidí a escribir este libro.

Verdades para atesorar

Si eres una mujer soltera, dedícate a saber tu valor, quién eres en Dios, cuál es tu propósito, porque cuando tú estás segura de eso, sabrás las características de la persona que Dios enviará para estar a tu lado para cumplir tu misión. No negocies tu propósito por la primera oferta que aparezca.

Si eres una mujer casada, no tomes la espada de la mano de tu esposo. Respalda, alienta, debes estar lista para sanar las heridas que puede tener en cada batalla. Eres una guerrera, pero no con la espada, sino siendo la escudera; la que vigila por donde el enemigo quiere atacar. Veo muchas mujeres usando la historia de Débora[1] para tomar la espada de las manos de su guerrero. Débora fue a la batalla, pero en ningún momento ella usó la espada. Ella dio órdenes, quedó alentando, quedó orando. Los hombres peleaban. Debes saber tu función y todo ocurrirá.

Tú me dirás, "¿y Jael?, ella tampoco fue a la batalla". Jael[2] usaba las estacas siempre para acomodar sus tiendas; era algo cotidiano que ella hacía en su hogar. Sísara vino hacia Jael y con lo que ella usaba para acomodar su hogar, con mucha sabiduría y valentía exterminó a aquel enemigo, porque ella estaba sola.

Así que, en tu hogar, haz las cosas bien siempre. Si el enemigo viene, quiere meterse en tu camino, hacer alianza contigo y tú estás sola, usa el arma que estás acostumbrada a utilizar siempre. Alienta a tu guerrero, en tu boca tienes poder, llama las cosas que no son como si fueran. Pide que Dios abra tus ojos espirituales.

---

1. Ver Jueces 4.
2. Ver Jueces 4 y 5.

Hombre, tú eres el guerrero. No te escondas detrás de tu escudera, sal a la guerra, naciste para ser un guerrero, pelear por su vida, por su familia. Lo llevas incorporado en tu ADN; solo necesitas que se despierte. Si eres soltero, busca una mujer que te aliente y pueda ver tu potencial, una mujer que te acerque más a Dios, que sea tu fuente de inspiración.

Si eres casado, no menosprecies a tu escudera. Quizás confías más en personas de afuera que en aquella que es tu mitad, la que te defenderá, la que entiende que tú estás dispuesto a pelear y dar la vida por ella como dice la Biblia. Ella será tu fiel escudera y protegerá tu espalda mejor que nadie.Un matrimonio que sabe cuáles son sus papeles y que sabe que uno pelea por el bienestar del otro, no habrá guerra en este mundo que los derrote.

3

Sin autoridad ni poder

Cuando regresamos a Brasil, un amigo nos dijo que su iglesia estaba orando hacía unos meses pidiendo a Dios que quería sostener a misioneros. Marcamos una reunión con el pastor, le contamos la necesidad y nuestra historia. Hablamos por media hora y el pastor dijo: "Esta iglesia los va a sostener". Nos asustamos de la rapidez que nos dijo que sí, y dijimos: "Pastor, ¿pero no va a consultar a los otros líderes?". Él dijo: "No necesito saber nada más acerca de ustedes, y el Espíritu Santo ya se me reveló antes de que ustedes llegaran. Dios hará con ustedes una obra poderosa en Argentina y en las naciones. Vengan esta noche. Los voy a ungir como presbíteros, les voy a dar el dinero para que compren los muebles y renten una casa, y ustedes van a empezar una obra en la capital de Santiago Del Estero". La contestación fue bien rápida, porque la oración, tanto mía como de mi esposo, ya estaba en depósito varios meses atrás, en cuanto a aquella iglesia.

Regresamos a Santiago con todo lo que el pastor nos había prometido, y pensamos que ahora todo iba a funcionar rápido. No fue así. Cuando llegamos, nadie quería rentar para nosotros porque éramos extranjeros. Teníamos el dinero, pero no teníamos a alguien que nos prestara su nombre como garantía. Dios nos estaba enseñando que no era el dinero la solución, que las puertas se abrirían cuando Él decidiera.

Un pastor de aquella ciudad dijo: "Tengo una habitación arriba de mi casa donde vive mi perra, yo se las puedo prestar". Así que sacó la perrita y vivíamos en esa habitación sin baño, donde llovía mucho adentro. Quedamos ahí por dos meses hasta que el Señor decidió abrirnos las puertas.

Empezaron las pruebas de otro lado. Los pastores de aquella ciudad empezaron a decir que nosotros éramos una secta, y nosotros nos presentamos ante las autoridades de la ciudad y mostramos nuestra carta de que habíamos sido enviados por una iglesia seria de Brasil. Pero ellos nos decían: "No necesitamos misioneros aquí, regresen a sus países. Si no tienen dinero nosotros pagamos sus pasajes, pero no los queremos aquí".

Para nosotros fue muy difícil porque nunca nos enseñaron que los de "adentro" (aquellos que ya eran parte del cuerpo de Cristo) podrían ser obstáculo para nosotros, pero en contrapartida, la gente que no era cristiana nos preguntaba qué hacíamos y contábamos, y nos decían, "gracias por dejar su hermoso país y venir a predicar amor y paz a nuestra ciudad". Entendimos que no fuimos llamados para los cristianos y sí para quien no conocía a Jesús.

Nuestra iglesia empezó con varios niños reunidos bajo un árbol que nos prestaba una señora que no era cristiana. Todos los que nos miraban decían que éramos locos y que Dios no estaba con nosotros porque no teníamos un auditorio para reunir la gente. Mas al ver los niños siendo cambiados y los papás venir a preguntar qué estábamos enseñando porque los niños estaban cambiando sus actitudes, sabíamos que Dios estaba obrando. Con el pasar de los meses rentamos un garaje de una casa y empezamos con seis personas a reunirnos cada domingo.

> "Dios nos estaba enseñando que no era el dinero la solución, que las puertas se abrirían cuando Él decidiera."

Nuestro pastor nos había instruido a hacer las cosas siempre juntos. Fue allí donde empezamos a ejercer nuestro trabajo pastoral sin tener una formación para eso, porque en aquel entonces nuestra formación era para ser misioneros. Pero había mucha necesidad, teníamos un año de casados y llegaban personas de 25 años a pedirnos consejos porque veían en nosotros personas confiables. Aprendimos a ser guiados por el Espíritu Santo.

Nuestra fortaleza fue trabajar como matrimonio y ser transparentes. No disputábamos entre nosotros a pesar de que yo tenía veinte años de estar en la iglesia y mi esposo tan solamente tres años siendo cristiano. Buscábamos siempre el acuerdo. Sin embargo, sufrí mucho, porque la cultura era muy machista, los hombres no me aceptaban al lado de mi esposo, y los dos somos muy diferentes; mi esposo es más sociable y yo soy muy cautelosa.

Al principio las mujeres me decían: "Yo contigo no quiero hablar, yo quiero hablar solo con el pastor". Exigían que yo fuera como él, y confieso que lo intenté muchas veces y peleaba con mi esposo, diciendo que él tenía la culpa; que era muy bueno y la gente me veía como mala. Aquello trajo malos momentos entre nosotros. Como yo soy más directa, empezaron a decir que mi esposo era un mandado por mí. Yo me detuve, reflexioné, y en vez de hablarle en público delante de todos, aunque era una verdad, lo hacía en privado porque estaba en una cultura donde los hombres eran machistas y las mujeres también. Despreciaban mi persona por su cultura.

Entonces me di cuenta de que estaba siendo hipócrita, que nunca sería como mi esposo, que Dios nos unió con un propósito, pero no para perder nuestra identidad y sí potencializar nuestro llamado. Mi esposo, por su lado, se mantuvo firme de que no era él solo quien pastoreaba sino los dos juntos, él siendo la autoridad, pero dándome el lugar que me correspondía. De a poco, sin cambiar mi esencia, fui conquistando los corazones, y fuimos impartiendo aquel nuevo modelo de que el matrimonio trabaja junto, cada uno en su función.

Yo vivía en la casa al lado de la iglesia, y compartíamos el mismo baño con la iglesia. Había momentos cuando yo estaba preparándome para el culto y la gente llegaba y quería que yo saliera del baño para usarlo ellos. Terminaba el culto y la gente pasaba a mi casa porque a veces teníamos para ofrecer comida a todos, pero recuerdo quedarme hasta las 2:00 am con hambre porque no podía comer, ya que no había dinero para invitar.

En la primera visita de nuestro pastor a Argentina él vio la situación y dijo: "Ustedes van a salir de aquí, van a buscar una casa bien lejos de la iglesia y no van a dar la dirección de la nueva casa. Si siguen aquí, ustedes no van a aguantar 6 meses más". Creo que ese fue uno de los mejores consejos que recibí en mi vida: separar mi vida y mi casa de lo que es el ministerio. Muchos no entendieron, pero yo sé que, si hubiera tenido mi casa abierta a todos durante 24 horas, no hubiera sobrevivido.

Verdades para atesorar

En la vida ministerial también hay un límite; Dios puso un límite en todo. Jesús en sus tres años de ministerio tenía tiempo con sus discípulos, tiempo con la multitud, tiempo con su familia y amigos, y tiempos a solas. Ese es nuestro mejor ejemplo. Él no se movía por la necesidad de la gente. Él, pudiendo hacer todo, hizo solo lo que el Padre lo había enviado a hacer, respetando el orden y los límites.

Muchos quieren reconocimientos afuera y por eso quieren caer bien a la gente, pero veo mujeres que son esposas de líderes, que a veces tienen que estar cocinando para muchas personas, dando lo que corresponde a su familia, quedando con la suciedad que generan todos esos encuentros, renunciando a su tiempo de descanso, y a la atención que deberían dar a sus hijos y esposos.

Se ven obligadas solo porque son esposas de líderes, y tienen que ser ejemplos, pero si tú no lo haces de corazón y solo por obligación pensando que hablarán de ti, solo te estás desgastando. No digo que no puedes recibir personas en tu casa, pero hazlo todo con límites. Tu hogar es sagrado; no permitas que entre cualquier persona. Aprende a separar el ministerio de tu vida personal.

> "Dios nos unió con un propósito, pero no para perder nuestra identidad, sino para potencializar nuestro llamado."

Por muy amigo que seas de tu médico, y aunque él fue usado para salvar tu vida de alguna enfermedad, tú no estás todos los días en la casa de él y ni él en la tuya. Sirve a Dios, pero vive también tu vida, con lo que te gusta hacer. Disfruta con tu familia, que es por lo primero que darás cuenta delante de Dios.

Hombres, no comparen a sus esposas con otras mujeres, no las obliguen a ser iguales a nadie. Ella es tu complemento perfecto. Si fuera otra la persona a quien tú admiraras, que se tuviera que casar contigo, Dios lo hubiera hecho así. No pongas cargas en tu esposa para agradar a otras personas. Cuando la obligas a que ella sea igual a otras mujeres, la estás haciendo vivir una vida mentirosa, y después tú cosecharás porque para ella, mentirte a ti o a cualquier otra persona, será normal.

Muchas veces los demás no reconocen a las mujeres esposas de líderes o pastores, porque ellas mismas no se valoran, no se reconocen, no se sienten capaces o simplemente no se sienten llamadas para ese rol. En ese último caso, si ella no quiere, no lo tiene que hacer obligada porque está trabajando en vano.

Lo segundo es que el esposo no reconoce la mujer que tiene al lado, y eso no necesariamente tiene que ser porque no es una líder o pastora. No la reconoce como esposa, como madre de sus hijos, como su ayuda idónea. Si ella no se reconoce y el esposo la reconoce mucho menos, ¿qué harán las personas de afuera? A veces, como me pasó a mí, veía que la gente no me respetaba, pero ese era el resultado de que yo no me aceptaba como era, no veía que mi esposo lo hiciera, y el resultado final se veía afuera.

> "Sirve a Dios, pero vive también tu vida, con lo que te gusta hacer."

Acepté el reto de no quedarme de brazos cruzados y empecé a prepararme en las áreas donde veía que había más necesidad. Empezamos a dar juntos las consejerías, y años más tarde, por prudencia, por tantas cosas que hemos escuchado en las consejerías y tantos problemas que hemos visto suceder por aconsejar al sexo opuesto y después terminar involucrados, creamos la cultura de que las mujeres hablan con mujeres, y hombres con hombres. Claro que hay excepciones, pero fueron medidas que fuimos aprendiendo a lo largo de los años.

4

Límites de la ayuda idónea

Ser esposa es bien difícil, más cuando eres esposa de alguien cuyas tomas de decisiones nunca están basadas solo en la familia, sino en otras personas que dependen de él, como es el caso de un empresario o de un ministro. La esposa, por otro lado, necesita ser sabia y estar bajo la dirección del esposo porque si no, se echa todo a perder. A lo largo de los años vi muchos hombres con mucha capacidad, talentos y hasta un grandioso llamado quedarse estancados por la mujer que tienen al lado.

El hombre cumple con una función que demanda mucha responsabilidad, y eso causa estrés. Muchas veces, para no estar en pleito con la mujer que tiene en casa, termina abandonando su propósito de vida porque la mujer no lo ayuda, la mujer se compara con otras y luego empieza a comparar a su esposo con otros hombres que tienen propósitos diferentes.

Todos los días de mi vida he pedido a Dios sabiduría para ser esposa. Cuando he visto a mi esposo querer tomar actitudes en el calor del impulso, siempre traté de hablarle para que se aclarara porque he visto a hombres perder la vida por pequeñas peleas que las motivaron sus esposas. Por ello siempre opté por ser una mujer que apaciguaba las situaciones, siempre busqué hablarle en los momentos correctos, aunque a veces no me resultó como pensaba.

Mi esposo viaja mucho por las naciones ejerciendo el don profético, y luego que llega a casa y le toca ser papá de tres niños que lo esperan ansiosos para jugar juegos de varones. Luego él necesita solucionar los problemas que implica pastorear una iglesia y a varios pastores de otras iglesias. Por mucho tiempo fue el proveedor de su familia materna, y desde muy joven siempre tuvo mucha presión y responsabilidad. Yo, cuando podía, trataba de aliviar los problemas, lo que se tornó en un problema para mí, porque yo quería que nuestra casa fuera un lugar de descanso para él, pero yo terminé con muchas cargas y eso me desencadenó problemas emocionales y de salud.

Ilegalidad es cuando actuamos fuera del diseño divino.

Recuerdo que un día, orando, decía: "Dios, estoy muy cansada, es mucha carga ser esposa, ser pastora (cubrir a mi esposo cuando no estaba), ser madre, ser líder de mujeres, ser hija, ser administradora…" Porque, claro, yo ayudaba mi esposo, pero luego sentía que no era recompensada. Aunque lo hacía por amor a él, sentía que él no reconocía mi esfuerzo, y me enojaba sin que él supiera los motivos que para mí eran obvios.

Entonces sentí a Dios diciéndome: "Te llamé para ayudar y no para ser la que genera. Él planifica y tú edificas. El ingeniero diseña, calcula, es el responsable por la obra; cuando se hace una demanda se hace al ingeniero, que debe supervisiones. Pero el ingeniero no mete las manos en la obra". Entendí que estaba cumpliendo doble función, y quizás eso sea válido para los huérfanos y viudas que tienen a Dios como su cobertura, pero en mi caso, yo tengo a mi esposo.

Luego empecé a dejar que él viera las necesidades porque al final somos nosotras las mujeres quienes necesitamos la protección de nuestros esposos. En mi caso, cuando yo quería aliviar la carga, estaba cumpliendo con proteger a mi esposo. Él no podía asumir las responsabilidades de corregir algunas cosas en el proyecto, porque yo trataba de solucionar.

Sentí a Dios decirme: "No tienes mi protección porque no estás actuando con la legalidad que hay en mi diseño. Entiendo tu buena intención, pero sobre todo está mi diseño que es perfecto. Estás enferma y cargada porque estás cargando un peso que no te corresponde y ni tienes estructura para aguantar. Todo eso sucedió basado en que yo debería ser una ayuda idónea, pero la palabra "ayuda" se fue borrando y seguí siendo como la socia mayoritaria.

Busqué ayuda de terapeutas y también empecé a leer mucho, porque de alguna manera yo necesitaba aprender a vivir sin esas cobranzas de que ser ayuda idónea es estar en todos los lugares y hacer todo a la vez. Eso me hacía trabajar mucho tiempo en la mente para que todo saliera más que perfecto, y detrás de eso venían el agotamiento y la frustración. Mi lenguaje de amor es el servicio, y mis cuatro varones tienen lenguajes diferentes.

Yo buscaba dejar la casa impecable, los niños todos alineados, llevando toda la organización de la iglesia. Mi esposo llegaba de un viaje y solo decía: "¡Qué rico huele la casa", pero a los minutos había medias, por un lado, zapatos por otro, maletas para otro y él decía, "voy a salir a resolver un problema" o simplemente "me voy a acostar", y yo pensaba, "no notó cuán cansada estoy por lavar toda la ropa, por cocinar lo que a él gusta…"

> "Estás enferma y cargada porque estás cargando un peso que no te corresponde y ni tienes estructura para aguantar."

De verdad a él no le importaba mucho, aunque siempre fue de agradecer y elogiar, pero era como decir "gracias" en un minuto por lo que me tomó horas hacer. Luego fui comprendiendo que el ayudante de un cirujano no opera. Él está a disposición, pues si el cirujano necesita algo en medio de la operación, un ayudante de albañil no levanta paredes, él lleva los materiales para que el albañil haga el trabajo.

Las mujeres casadas cumplimos esa misma función: ayudar, porque en el caso contrario habrá una ilegalidad. Imagínate que llega alguien grave y el asistente del cirujano dice, "el cirujano no está, pero yo voy a hacer la operación". Habrá un gran problema, a lo mejor hasta va a hacer bien su trabajo, pero no está habilitada para hacerlo. A veces de tanto estar al lado de nuestros esposos creemos que podemos hacer algunas cosas hasta mejor que ellos. Déjame decirte que sí podemos hacerlo, pero no vamos a recibir la recompensa. Ellos la recibirán, porque legalmente no estamos asignadas por Dios para tal tarea, y ese es el gran peligro.

A nosotras, por más que queramos ayudar y resolver, no nos corresponde hacer lo que Dios les asignó a ellos. Es como la historia de Jezabel;[3] ella hizo cosas que no tenía que haber hecho cuando su marido quería la viña de Nabot. Ella dijo, "no se preocupe, yo se la voy a conseguir", y para eso se ensució las manos con sangre inocente.

Por otro lado, vemos a Ester[4] que no se sentía capaz, pero su primo la hizo ver cuál era su papel, y ella dijo, "ok, lo haré", pero como necesitaba ir a hacer la petición a su esposo, pidió que sus primos le dieran cobertura en la fe para que ella pudiera interceder por el pueblo. Vemos al ángel hablar con María,[5] pero luego el mismo Dios se encargó de hablarle a José para que María estuviera cubierta en lo que le tocaba hacer.

Existen aquellas mujeres que dirán, "pero yo hablo con mi marido", es verdad, pero lo hacen usando armas de seducción, hablan en momentos que el marido ni siquiera está prestando la

---
3. Ver 1 Reyes 21:7.
4. Ver Ester 4,5.
5. Ver Mateo 1-20.

atención y terminan consiguiendo la cobertura o la bendición de forma engañosa, como hizo Rebeca[6], induciendo al hijo a engañar a su papá.

Yo necesité ayuda porque ya había aprendido a vivir así, cubriendo a mi esposo, pero mis hijos estaban viendo una mamá que estaba tomando un lugar que no le correspondía. Yo soy super organizada, así que yo trabajo con prevención, todo calculado y con la posibilidad de margen de error y tener el plan B en mis manos. Mi esposo no es igual a mí, así que para que yo no estuviera afligida e insegura, prefería organizar todo y solo decir a él "ejecutemos" (papel invertido) y claro, él se acostumbró a encontrar casi todo servido, porque también asumí de común acuerdo con él, el papel de ser su asistente. Yo me pegaba horas buscando vuelos más cómodos, haciendo contacto con la gente responsable, muchas veces recibiendo malos tratos, pero yo creía estar cumpliendo la función.

En realidad, perdía mi tiempo y dejaba de descansar y de tener un tiempo de calidad con mi esposo o hijos porque estaba cuidando a mi esposo, viendo cómo podría ser más confortable su viaje, mientras él estaba disfrutando de ver una película con los niños. Luego, claro, yo quedaba estresada, porque ni siquiera era un trabajo renumerado; estaba trabajando para que otros disfrutaran la presencia de mi esposo mientras yo no lo estaba haciendo.

---

6. Ver Génesis 27.

Verdades para atesorar

Nuestras conversaciones pasaron a ser mucho sobre la iglesia, los problemas que surgían, y terminábamos mal, tristes por problemas ajenos. Cada vez que él llegaba había una lista enorme de hermanos que necesitaban hablar urgentemente con nosotros, y como él era el pastor, yo decía, "no queda de otra". Pasábamos a veces de 8 a 9 horas escuchando problemas ajenos y las personas ni siquiera se dejaban aconsejar. Solo querían una sesión de terapia gratis para hablar todo lo que necesitaban, y luego volver a comentar los mismos errores. Mientras, mis hijos quedaban bajo el cuidado de otros o estaban por horas sentados, con hambre, mientras sus papás atendían a la gente.

Entonces decidí cortar algunas cosas, dejar que mi esposo cometiera errores o lo que yo pensaba que él haría mal, lo hacía rápido, de una forma menos complicada, quedaba solucionado, y yo quedaba asombrada. Por otro lado, él también ya se había acostumbrado a tenerme yendo adelante y para él también fue un cambio brusco, pero muy necesario para que hubiera un orden para nuestra vida familiar y matrimonial.

Un día fue como si escamas cayeran de mis ojos y percibí que, estando yo y mi esposo juntos, mis hijos venían y me pedían permiso a mí. Yo pensé y hasta les dije, "¿por qué no se lo piden a su papá?", pero entendí que mi forma de ser lo estaba neutralizando y enseñando algo erróneo a mis hijos, que en el futuro serán tres padres de familia también. Ellos venían a mí porque yo les tenía todo servido, iba adelante preparando todo, y ellos, claro, no lo valoraban porque ellos sabían lo que costaba todo eso.

Empezamos a dividir las tareas para que mis hijos supieran lo que me costaba mantener el orden. Fui dando pasos hacia mi lugar y posicionando a mi esposo en el lugar donde le correspondía estar, con la conciencia de que, ante Dios, haciendo bien o mal, él es el único que podrá rendir cuentas. Yo dejé que él entrara en la construcción de nuestro hogar, y pudiera ver qué era necesario cambiar, y pasarme la instrucción para que yo pudiera ejecutar. Eso me quitó mucho peso de las espaldas, me redujo el estrés. Saber que yo no puedo firmar ni ser responsable por algo que Dios le dio a él, me dio mucha paz.

Dejé de ser perfeccionista y entendí que existen otras maneras para que las cosas sean hechas. ¿Sabes algo que me sorprende? Que para mi esposo las cosas salen mucho más fácil porque él no hace un trabajo "ilegal". Él es reconocido en el mundo espiritual y luego en el mundo físico las cosas fluyen mejor. Lo que me costaba mucho esfuerzo, a él casi no le cuesta, porque el yugo de Cristo es suave. Cuando tú cumples la función para la que has nacido, el mundo parece que está a tu favor, pero cuando vas en el contramano, en la "ilegalidad", cuesta mucho.

He visto a muchas mujeres muy profesionales, super exitosas afuera, pero que fallan en la función de ser edificadoras del hogar. He visto a grandes mujeres orar y ministrar a mucha gente, pero sus hijos me dicen: "Yo no voy a la iglesia porque mi mamá no es un buen ejemplo". No digo que alguien está exento de eso, claro que no, los hijos crecen y toman sus propias decisiones, pero yo, como madre, necesito estar en paz y saber que la decisión que ellos tomen no será porque yo fui un mal ejemplo para ellos. Hay mujeres que arman castillo fuerte por fuera, pero adentro todo está destruido porque lo que les importa es la apariencia, es el reconocimiento.

Como madre me toca instruir a mis niños. Ellos casi nunca están de acuerdo conmigo porque la visión de ellos aun es limitada, pero yo no voy a bajarme a su nivel para consentirlos y para que ellos me digan que soy una buena madre. Yo quiero que ellos crezcan y cuando sean grandes y hombres de valor, me digan: "Gracias, mami, por no negociar, por enseñarme la verdad, por corregirme, no porque soy hijo de pastor y necesito dar ejemplo, y sí por amarme como persona".

Yo no trabajo con la visión en lo de hoy, porque si no, consentiría a mis hijos en todo por mis deudas emocionales conmigo misma. Yo hago un arduo trabajo sabiendo que quien sabe lo que siembra no tiene miedo de lo que cosechará. Lo mismo me pasa como esposa: saber cuál es mi papel es fundamental, para que yo no haga ni menos ni más de lo que me corresponde.

¡Cuidado!

Yo vi muchas cosas en ese tiempo que acompañaba a mi esposo; vi a mucha gente solo interesada en el don. Muy pocos se preocupan por el ministro y su familia. Vi mucha idolatría al hombre y eso me cuesta mucho hasta el día de hoy. Vi a mujeres insinuársele a mi esposo, pasar sus contactos personales con doble intención; vi a mujeres gritar como locas para sacarse una foto o tocar a mi esposo. Comparto eso con otras esposas de ministros que sienten sus espacios invadidos.

Constantemente estamos juntos, una mujer o un varón viene a pedir una foto, y ya tuve la experiencia de que se pone delante de mí para que yo no salga en la foto. Muchas veces me cortan la foto y ponen de perfil la foto de mi esposo con ella. Para mí es una falta de respeto y es no cuidar al hombre. No puedo decir que eso no me haya molestado, pero una mujer con el mínimo de pudor que tenga le diría a la esposa que se sume a la foto. Lo mismo pasa con las mujeres que también ministran y los hombres vienen a sacarse foto y abrazan a la persona. Yo sé que es casi siempre sin doble intención, pero invaden el espacio que es el cuerpo del otro.

No digo eso porque me guste estar en las fotos; de verdad que, si puedo, huyo de las fotos. Lo que puedo concluir es que eso me afecta emocionalmente porque yo sé quién soy, y no estoy disputando lugar con mi esposo, pero para las esposas e hijos a veces es muy agotador tener que estar compartiendo siempre con otros la persona amada. Los niños muchas veces decían que les molestaba que el papá tuviera que parar por todos lados para sacarse fotos, y lo digo porque no hay un cuidado con el ministro y su familia.

Sí, muchas veces fuimos a dormir al hotel con hambre porque se organizaban largas filas para que se orara específicamente por una palabra en un determinado culto, y yo embarazada o con mis hijos tenía que esperar por horas, luego salir y ver todos los restaurantes cerrados y tener que decir a los niños que tomaran agua y durmieran porque no había nada más que hacer. Yo sé que los hijos de ministros a veces duermen en cualquier lugar, y comen varios paquetes de galletas porque la gente retiene a sus papás. De verdad, se valora mucho el don, pero no se cuida mucho a la persona, ni se aprecia el sacrificio que hace toda la familia. Claro que hay excepciones, casi siempre de alguien que ya pasó por ese camino y sabe lo doloroso que es.

Me acuerdo de que en la iglesia todas las veces que terminaba el culto se formaba una fila para que mi esposo orara. Otro grupo se quedaba sentado asistiendo e intentando adivinar por qué el otro pedía oración. Era otro culto más, salíamos a veces del auditorio a la 1:00 am, a buscar sitio para comer, luego ir a dormir a las 2:00 am. Me despertaba tarde con el estómago cargado, de mal humor, y los niños perdían casi toda la mañana porque querían dormir para reponer las horas de sueño.

Poner límite

Hasta que un día dijimos, ¡basta! No estamos haciendo bien en sacrificar a nuestros niños, que queden con hambre o expuestos a que cosas sucedan, a no tener ánimo para levantarse, a estar de mal humor, mientras estamos orando uno por uno en el auditorio. Todo tiene un orden.

Para la congregación fue un cambio brusco. Muchos no entendieron y dijeron que ahora ya teníamos otro espíritu, pero la Biblia dice que el que no cuida bien su casa no puede trabajar para Dios.[7] Estábamos sacrificando nuestra salud, porque comíamos tarde, dormíamos tarde y no dormíamos bien, sacrificando los niños para despertarse temprano. Entendimos que la primera iglesia que debemos cuidar es nuestra casa, y que jamás debemos desatender nuestra casa para atender la de los demás.

Hoy ya no cenamos tarde, los niños se duermen más temprano, despiertan con más ánimo, y creemos que la Palabra predicada y la oración hecha en cada reunión hará su efecto a los que creen. Una mano en la cabeza no puede cambiar nada si no hay fe y cambios de hábitos de la persona. El mito de que si el pastor impone la mano en mi cabeza seré sano o libre, creció mucho. Creo en la oración de la imposición de manos, pero tiene que haber fe para que el milagro suceda. También creo que, así como Jesús dijo a la mujer, "vete a casa, tu fe te salvó, tu hija está libre", y así sucedió, también puede suceder en el día de hoy.

---

7. Ver 1 Timoteo 3:5.

5

Llamado de los dos, cada uno en su deber

El llamado es de los dos: el pastor y su esposa. De hecho, pienso que el papel de la mujer es más importante de lo que se pueda imaginar. En las historias de grandes hombres no solo de la Biblia, siempre hay una mujer, sea ella la madre, (sin María Jesús no hubiera podido nacer) o una esposa. Si un hombre tuvo la oportunidad de tener una madre visionaria y una esposa que lo apoya de forma sabia y prudente, ese hombre ya tiene gran parte, solo tiene que poner de su trabajo porque lo demás ya lo tiene.

Entonces un hombre, sea cual sea el llamado que él tenga en su vida, lo primero que debería buscar es la socia correcta, la esposa idónea. La Biblia dice que un padre puede dar de herencia cosas materiales a sus hijos, pero la mujer prudente es una exclusiva herencia de Jehová. Él no dará de sus preciosas herencias a un hombre que no sabe cuidar, por eso cada vez que aconsejo a una joven le digo que vea cómo ese hombre trata a su madre, porque es así como te va a tratar. Un hombre que honra a sus padres es el mejor candidato para una mujer, porque quien honra a los padres es confiable y candidato para que Dios le dé una herencia (esposa) para que él la cuide.

Es muy importante esa parte de honra porque a veces uno cree que honrar al padre es darle lindas casas, regalos, viajes. Honrar al padre es hacer prevalecer la enseñanza buena que los padres le dieron, en otras palabras, es hacer que los padres duerman tranquilos confiados en que su hijo hará lo correcto.

Una mujer que se guarda y sabe que Dios la entregó como herencia a su amado para que la cuidara, no estará frustrada buscando que otros la reconozcan. El gran problema de hoy es que las jovencitas no se guardan, se entregan a cualquiera, luego no sienten que tienen valor. Cuando está casada no se siente completamente amada y piensa que un reconocimiento la hará sentirse más amada. Pero lo que la mayoría de las mujeres buscan es ser reconocidas como hijas, y que el padre la entregue a alguien que la cuide y que ellas no necesiten hacer mucho para ser amadas. Pero como hay tanta orfandad en esa generación, hay una búsqueda incesante de las mujeres para que un hombre las afirme.

Digo esto porque durante muchos años he observado a muchas mujeres, y hay sin duda una gran diferencia entre mujeres que fueron amadas por sus padres y afirmadas, y las que no fueron amadas o afirmadas por su padre. Mi papá siempre me dijo que yo podría llegar a ser lo que me propusiera, siempre me apoyó con sus palabras de afirmación, a pesar de que en algún momento me sentí frustrada, pero de verdad eso me dio mucha determinación y valentía.

Yo creo firmemente que esa es unas de las causas por lo cual Dios me unió a mi esposo, porque al contrario de mí, él no tuvo quien lo afirmara, él no tenía quien creyera en él. Como mi papá un día creyó en mí, y yo sabía que en lo natural no tenía muchas fuerzas, pero en mi mente tenía las palabras de mi padre, yo debería hacer por mi esposo lo que mi padre hizo por mí.

Ante las presiones de la gente, decide ser tú, la que Dios ha escogido

La cultura cristiana de hoy influye mucho en una esposa de pastor. Debe mostrarse apta para todo, empoderada, ser buena en todo lo que hace. Al final, ella es esposa de una autoridad, y yo sufría con todos esos rótulos. ¡Cuánta presión nos ponen! Vi a pastores quedar viudos y casarse de nuevo, y ver amenazados sus matrimonios porque la congregación quería que la segunda esposa fuera igual a la primera. No hay un respeto por la individualidad de cada persona, y la esposa en su mayoría, con miedo a que su esposo pierda su ministerio, accede a vivir una vida de máscara con una impostora adentro.

Un día, después de mucha frustración y cobranzas de afuera de que yo llegara al nivel de mi esposo, llamé a mi esposo, que nunca me había exigido nada y le dije: "Yo no me casé con un pastor ni con alguien que yo pensaba que sería un pastor". De verdad, con todo el trasfondo de vida que tenía mi esposo, yo, queriendo huir de los que reunían requisitos para ser pastores, me casé con un baterista que jamás imaginé que en su interior llevaba el llamado de pastor, evangelista, maestro y profeta. Como dicen, "me gané la lotería" porque Dios me dio el combo completo para demostrarme que de la nada, Él puede hacer todo.

En aquella conversación, yo le dije que yo tenía un solo llamado, el de misionera, ganar almas, y es el llamado que todos tienen y lo pueden hacer desde que cualquier lugar. Le dije: "A partir de hoy seré yo y no me voy a guiar por las expectativas que otros tienen acerca de mí, porque la gente no vive sus expectativas, se las transfieren a otras personas, y casi siempre es a alguien que ellos ven en un cargo un poco más alto que el de ellos".

Por otro lado, también conozco otras mujeres que, diferentes a mí, son muy presionadas por su esposo a ser ejemplos, y yo creo que esa es una carga mucho más grande. Si los de afuera te hablan ya es pesado, pero si el esposo es el que cobra es mucho más fuerte. Ahí está un llamado de atención y es muy importante que antes del casamiento ya se tenga en claro cuál es el llamado de cada uno y si los llamados son compatibles.

Yo tuve una amiga que amaba las misiones, y cuando encontró a su esposo, él era músico. Ella compartió de su llamado, y en ese momento de noviazgo ellos estaban de acuerdo en que uno apoyaría el otro. Mas el tiempo pasó, después de casados ya la prioridad del marido cambió y ella como esposa ya no pudo vivir lo que sentía ser su llamado. Por eso es importante descubrirse en la etapa de soltería. La Biblia dice que los solteros cuidan de las cosas del Señor,[8] porque es allí donde uno descubre quién es en Dios y no se casará con el primero que llegue, sino con alguien que se encaje a su propósito.

Verdades para atesorar

Cuida al esposo primero; no al pastor ni al ministerio. Ese es el siguiente punto. Dice la Biblia que la mujer casada cuide de su esposo. El papel primordial de la mujer es cuidar a su esposo, pero a veces viene la confusión de que eso incluye cuidar el ministerio del esposo, cuidar la reputación del esposo. Ese es un esfuerzo tan grande que termina con el sentido de la vida de muchas mujeres porque viven la vida del esposo, viven para cubrir los compromisos que el esposo asume y no puede cumplir, y tiene tantas tareas que deja de cumplir su tarea principal que es cuidar a la persona del esposo.

Muchas mujeres están casadas con su pastor, y lo ven así y no lo ven como esposo. Entonces la imagen que se tiene de un pastor es de un semi dios sin pecado, y la mujer no deja margen de error para su marido. No deja que él sea un ser humano normal dentro de su casa. Yo tuve esa enseñanza y muchas veces vi a mi marido 100 por 100 pastor, y eso termina siendo una carga para el hombre y para la familia también. Recuerdo que una vez conversé con la esposa de un líder, y ella me dijo:

---

8. Ver 1 Corintios 7:32-34.

"Pastora, por mucho tiempo aguanté los malos tratos y muchas cosas sin hablar, porque si decía algo, le quitarían a mi esposo el liderazgo y las cosas se pondrían peor para mí".

Ese es el engaño que tienen cientos de mujeres. Creen que es mejor vivir una vida miserable que no coincide con la Biblia que hablar el pecado de su esposo. Ella estaba muy herida, no lograba amar y perdonar a su esposo, estaba viviendo una falsa vida para cubrir a su esposo, para que no lo sacaran de su cargo. No existe un entendimiento de que no hay servicio que pueda reemplazar el cuidado mutuo entre los esposos.

El cargo en la iglesia no puede ser una excusa para vivir una vida abusiva. A Dios le importa mucho más que los esposos se traten bien entre sí a que estén sirviendo 24 horas del día en la iglesia. ¿Cómo terminó la historia de protección con el esposo de esa mujer, que decía que ella no apoyaba su ministerio? Encontró a una jovencita que él lideraba, que sí lo "apoyaba" cuando su esposa no lo acompañaba en las reuniones, y terminó cayendo en pecado de adulterio con ella. Noté que la esposa, quien decidió vivir una vida en que ella pensaba que engañaba a los pastores, no diciendo lo que de verdad pasaba en su casa, terminó cosechando engaño en su casamiento. Porque un abismo llama otro abismo, hoy en día esa familia está prácticamente destruida. Tienen hijos que tenían propósitos y hoy no quieren saber nada de Dios.

En definitiva, Dios creó a la mujer para ser esposa. Si en eso puede, de alguna manera, incorporar algo que sea de ayuda al ministerio, que lo haga, pero cuidar al esposo en aquello que ninguna otra persona puede es el papel de la esposa. Orar por él siendo una sola carne es uno de los mayores ministerios que la esposa puede tener; escuchar la debilidad del esposo y verlo como un hombre normal; dejar que él llore sus frustraciones es un gran papel de esposa; y apoyarlo con una mirada, alentando a seguir adelante. Muchos líderes caen con sus asistentes, ¿por qué? Porque la asistente está pendiente de él como muchas veces la esposa no lo está. Siempre está elogiando, atenta a los detalles. Muchas asistentes hacen el trabajo de la esposa y reciben del hombre el amor y la admiración que la esposa debería recibir.

Mi esposo siempre dice que sabe cómo van las prédicas por como está mi mirada. La mayoría de los esposos pueden ser aplaudidos por una multitud, pero el aplauso y aprobación que él busca siempre será de su esposa. Quizás ese sermón ya fue predicado por él para ti primero en la casa o en el carro, o ya lo escuchaste predicar en otro lugar, pero sentarte en primera fila y escucharlo es para apoyarlo y para que des tu aporte con sabiduría. Es mejor que estar involucrada en la sala de los niños, en la oficina o en la tesorería. Mientras una esposa está cuidando de otras áreas, quizás el esposo está buscando una mirada de aprobación y no encuentra la mirada de la esposa, pero sí de otra admiradora, y ese puede ser un gran peligro.

Una vez alguien me dijo que cuando no pudiera viajar con mi esposo lo tratara de complacer como solo una esposa lo puede hacer, para no enviarlo con hambre y descubierto en esa área. La esposa debe ser la que haga la comida preferida del esposo, para que otra no descubra el secreto y empiece a llamar la atención del esposo por el estómago. Un hombre hambriento en cualquier ámbito se pone nervioso, y puede hacer locuras. Eso fue lo que pasó con David, y Abigail sabiamente lo apaciguó con comida para David y sus hombres, y terminó siendo su esposa.

Me acuerdo de que en mi casa yo era la que tenía el plato separado porque no me gustaba nada con salsa, todo era frito. Mis abuelas y mi mamá así me malcriaron. Cuando me casé a mi esposo le gustaba toda la comida con salsa, y yo le hacía todo frito, hasta que de a poco fui aprendiendo a cocinar lo que a él le gustaba también, y fui aprendiendo a comer cosas que no comía porque nunca las había probado. No aprendí a comer otras cosas, pero sí a prepararlas para él, o a pedir ayuda comprando y para que me cocinaran o me enseñaran, pero la iniciativa fue mía.

Para mí ese es el papel de una esposa del pastor: cuidar a su guerrero y no tomar las armas de las manos de su guerrero. Otrora pueden estar con el ministerio de niños o hacer tesorería, ser secretaria y ocuparse de los demás ministerios. Cuidar del pastor, el ministro, el esposo, solamente la esposa lo puede hacer. Un pastor está en constante guerra porque el enemigo sabe que si destruye a ese guerrero destruye toda la familia y toda la congregación.

Existen mujeres que pueden hacer todo lo demás sin descuidar su responsabilidad principal, esa es una mujer dotada. Pero aquella que solo logra cuidar a su esposo y su familia, esa mujer es una virtuosa; para Dios eso basta porque está cumpliendo con excelencia su principal propósito.

Muchas veces las personas se acercaban a mí y me decían: "la veo sentada en primera fila sin decir nada, pero su actitud me ministró mucho más que lo que estaban predicando" o "me llegó más su ejemplo que lo que me ministraron". En otra ocasión alguien me dijo: "Cuando la vi pasar adelante mientras su esposo ministraba, para mí fue el sello de que lo que él dice es una gran verdad." La esposa y la familia del ministro son el termómetro; son lo que valida cómo una persona que predica, vive lo que predica. La Palabra de Dios ministra, pero la Palabra de Dios puesta por obra ministra mucho más. Yo soy cristiana desde que nací.

En teoría debería ser la que más predique, la que más sepa de la Biblia, pero yo sé que Dios me guardó y me formó para estar al lado de un gran hombre. Ese es uno de mis mayores ministerios. Además, me dio tres hombres más para que yo cuide y forme para ser maravillosos esposos, y hombres que marquen la diferencia. Eso es de lo primero que voy a rendir cuentas ante Dios. Yo sé que lo demás el Señor lo añadirá en el camino.

En mi experiencia, estuve en un tiempo casada con el llamado de mi esposo y eso nos distanció porque yo estaba empeñada en que todo saliera bien. Como salía bien, mi esposo se metía en otros desafíos y en otros desafíos, porque él no sentía el peso completo. Cuando yo cambié de posición y dije: "Yo te ayudaré, pero no asumiré la responsabilidad mayor". Entonces él empezó a meterse en menos desafíos porque ya sentía el peso. Cuando una mujer está casada con el ministerio termina divorciándose del esposo.

Cuántos matrimonios hemos visto que el pastor y su esposa se separaron. El esposo tiene una iglesia, y la esposa otra iglesia, porque antes del divorcio ellos ya habían cambiado la prioridad, y ya se habían convertido en amantes de sus ministerios, de los reconocimientos y de los regalos que eso puede brindar.

> "Cuando una mujer está casada con el ministerio, termina divorciándose del esposo."

6

Pregúntate
"¿quién soy yo?"

En primer lugar, tuve que aprender a verme como Dios me ve, a saber, parte de mi propósito. Entonces yo sé que soy como una Mardoqueo (primo de la famosa reina Ester de la Biblia). Soy una cazadora de talentos, siempre me llaman la atención las personas a quienes nadie pone atención. A pesar de estar en frente muchas veces, hay una pasión más fuerte en mí que es hacer que las cosas funcionen bien. Siempre fui de alentarme a mí misma y de decir "tú puedes", y velar porque todo lo que haga sea lo mejor, de manera que hoy reconozco mi valor, que aparte de que es bueno que alguien me reconozca, lo más importante es que yo misma pueda reconocerme.

Desde muy pequeña siempre había soñado con casarme, y cuando era niña imaginé un hombre exitoso, que tuviera una familia feliz, en lo cual yo pudiera tener mi lugar como mujer. De hecho, desde muy pequeña empecé a orar por ese hombre, les conté al principio de ese libro mi historia de amor y desafíos con mi esposo. Cuando en mi adolescencia mi papá me decía, "escoja un hombre trabajador, que ame a Dios".

Los bienes materiales siempre vienen para los que trabajan. Hombres exitosos aparecieron en mi juventud, pero no conquistaron mi corazón. Cuando vi a mi esposo, logré ver que Dios contaba conmigo para hacer de él un hombre uno exitoso, que no vendría listo, sino que juntos construiríamos una historia de superación. Hoy yo entiendo que el mayor éxito es aquel que se construye junto a la persona amada. Entonces como esposa entendí que, si a mi esposo le iba bien, a mí también me iría bien, que lo que desciende sobre la cabeza llega al cuerpo.

Ser esposa para mí siempre ha sido uno de los mejores títulos, y a pesar de muchos obstáculos, yo siempre supe que ese era uno de mis grandes propósitos. Amo ser esposa, amo cuidar, porque en el camino de la vida descubrí que mi lenguaje del amor es el servicio, pero soy consciente que también es una de las tareas más difíciles, que es uno de los únicos compromisos que uno hace para toda la vida, tuve demasiados desafíos porque soy muy decidida, y mi esposo, por toda su historia de vida, muchas veces dudaba de las decisiones.

El mandamiento de respetar al esposo, muchas veces se me hizo difícil porque mi papá era un hombre decidido. Esa era la imagen de hombre que tenía, y mi esposo es un hombre que evita pleitos, es muy bondadoso. Yo venía de una escuela de vida de una imagen masculina muy fuerte, que, aunque yo en el fondo no quería la repetición de papeles en mi esposo, fue muy duro respetar a alguien que muchas veces se dejaba llevar por las circunstancias para no tener problemas.

Yo soy una persona muy frontal y en los primeros años de casados ya pastoreando, yo sabía tomar el frente y ser la voz de mi esposo. Un día una hermana mayor me llamó aparte y me dijo: "Hija, todos dicen que eres tú quien manda". Yo dije: "Pero no es así, yo siempre busco saber la opinión de mi esposo," y ella siguió diciendo, "pero como eres tú la que habla, todos creen que su esposo es un mandado". Nada más lejos de la verdad.

Para mí fue una confrontación muy fuerte. No era lo que yo quería que pensaran, no era mi intención, y desde aquel día empecé a buscar no ser la que hablara ni aparentar ser la que mandaba, pues esa no era la verdad, pero era como se miraba. Hasta hoy lucho, es un reto para mí, pero sé que es lo correcto a hacer. Tenía que evitar manipular, porque los hombres que no han sido afirmados son presas fáciles para mujeres manipuladoras.

Pasaron muchos años hasta que pude entender que la forma que el hombre se siente amado es siendo respetado, y que la Biblia nos enseña a respetar aun cuando el marido no merece respeto. Como esposa, mi respeto, mi admiración, mis palabras de afirmación fueron las que hicieron que mi esposo pudiera llegar lejos.

Ester, a quien analizaremos más adelante, era una mujer huérfana, extranjera. Ella tenía todos los motivos para amargarse, pero miraba la parte buena de la vida, y así es mi esposo. Cuando lo escuchaba, yo pensaba, "si yo hubiera vivido la mitad de lo que él vivió, odiaría a medio mundo, pero él no". Y Dios siempre busca personas con ese corazón, personas que se conectan con el corazón de otros por saber por experiencia propia lo que el otro vivió, pero para cada persona como Ester, Dios necesita también un Mardoqueo, persona firme, que entiende los propósitos, que no le importa quedar en los portones escuchando las malas tramas que se están proyectando, y avisar a otros sin doble intención, personas que instruyen a los que van a superarse en la vida, diciendo, "no hable tanto".

Los Mardoqueo son aquellos que logran ver el mal corazón de la gente y avisar a los reyes, y a las Ester. En la vida esos dos personajes siempre andarán juntos. Por eso hoy cuando ven a mi esposo, yo soy feliz porque yo logré ver su propósito por fe.

Tiempos de maternidad

Ser madre también siempre ha sido un sueño para mí. Yo vi a mi mamá siendo una gran madre, y ella me impartió mucho amor. De niña me gustaba cuidar a los bebés. Antes de casarme planeamos con mi esposo que tendríamos dos hijos, si fuera una pareja, y tres, pensando en que saliera la pareja en el segundo intento.

Los primeros dos años de matrimonio nos dedicamos a nosotros y a fines de ese segundo año empezamos a buscar nuestro primer hijo, lo cual fue un desafío porque el primer año no quedé embarazada. Empecé a dudar de esa posibilidad, y después de mucha oración y llanto tuvimos la bella noticia de que seríamos papás de nuestro primer hijo, Gabriel, nombre que yo siempre había deseado poner en mi hijo. Cuando conocí a mi esposo, él me dijo que cuando tuviera un hijo él le pondría el nombre. Yo dije, "no, a un hijo yo le pondré el nombre". Pero para nuestra sorpresa, sin conocernos los dos habíamos anhelado tener un hijo llamado Gabriel. Así que estábamos seguros de que nuestro hijo tendría que llamarse Gabriel.

Pasaron tres años de la llegada de Gabi, planificamos la búsqueda de nuestro segundo hijo, y de ese sí quedé embarazada muy rápido. Estábamos felices, dimos la noticia a todos, ya estábamos recibiendo regalos, cuando a los dos meses me sentí mal, y cuando fui al médico, él me dijo: "Estás teniendo un aborto espontáneo". Yo no logré entender, quedé mirando a mi esposo, y el médico dijo: "eso. es muy común que pase, cuando el feto tiene mala formación, el propio cuerpo absorbe". Para mí fue el ultrasonido más triste de mi vida. Yo salí de la sala del médico y vi todas las madres acariciando sus panzas y hablando de sus bebés, y yo estaba perdiendo el mío.

Me acuerdo de que mi esposo dijo: "Siendo yo profeta, Dios no me dijo nada, pero Dios nos dio y Dios quitó. Bendito sea el nombre del Señor". Yo tenía una preocupación de cómo iría a comunicar a Gabriel, pero lo que yo pensé que sería mi debilidad fue nuestra fortaleza. Recuerdo que Gabriel dijo: "Mami, mi hermanito ya voló al cielo, no llores". No necesité darle explicaciones.

Pasados tres meses de esa pérdida, Gabriel se me acercó, tocó mi panza y me dijo: "Mami, mi hermano Lucas está en tu vientre. Yo pensé, quizás todavía piensa que estoy embarazada, pero él insistió mucho, hasta que decidí salir de la duda y fui a hacerme los estudios. Estaba embarazada. Entonces yo le dije: "Gabriel, felicidades, vas a tener un hermanito o hermanita." Él me contestó: "Yo ya sabía, por eso te lo dije".

Entonces como buena madre, hablé con él diciéndole, "pero puede ser una hermanita". Él respondió, casi llorando: "Mamá, tú no me crees, el que está en tu vientre es mi hermano Lucas". Él tenía toda la razón; descubrí que tenía un pequeño profeta en la casa, y para mi gran sorpresa, Lucas nació el mismo día que yo perdí el embarazo anterior, en un 19 de enero de 2012, cuando salí llorando del hospital. Pero en un 19 de enero de 2013, salí con mi hijo en los brazos. El día que tendríamos que llorar es el día que siempre estamos festejando, porque la Biblia dice que: la misma mano que hiere también sana.[9].

Si tu hoy me preguntas el porqué de ese aborto, no tengo la respuesta concreta. Sí sé que Dios no me eligió para ser madre de un niño especial, porque para niños especiales, Dios da madres mucho más especiales. Lo que sí sé es que después de esa pérdida hemos ministrado a muchas mujeres estériles, o que habían perdido muchos embarazos, y hemos visto muchos milagros. El dolor tiene esa particularidad te hace tener más empatía, tus ojos pasan a tener una mirada especial.

---

9. Ver Job 5:18.

Mi tercer hijo también tiene una historia muy especial. Yo sabía y tenía una palabra de que tendría tres hijos. En el año de 2015 pasé por un tiempo difícil con problemas en las tiroides. Para los médicos era un riesgo quedar embarazada, así que ese año yo hice oraciones muy específicas diciendo al Señor que no sabía si entre los tres hijos contaba con el que había perdido o serían tres hijos en vida. Le pedí que, si eran tres en vida, que permitiera que yo quedara embarazada aquel año. Si no, yo entendería que serían dos en vida y uno en el cielo.

> "El día que tendríamos que llorar es el día que siempre estamos festejando, porque la Biblia dice que: la misma mano que hiere también sana."

A fines de octubre la doctora que me trataba me dijo: "Glaucia, las hormonas de la tiroides se normalizaron. Puede dejar de tomar medicación". Yo lo hice. En un día 31 de diciembre de 2015, estando en una vigilia para recibir el año, alguien se me acercó y me dijo: "Estaba de compras y Dios me dijo que me detuviera y comprara unos zapatos de niña, y que te dijera que la niña que Él te prometió no es una promesa, es una realidad". Yo quedé en shock" porque era un 31 de diciembre y esa había sido mi oración. En la semana me hice los estudios y estaba embarazada. Fue una gran fiesta, todos dijimos que venía la niña. Yo me puse muy feliz, recuerdo que mi esposo compró un vestido rosado para la bebé.

Un día mi esposo despierta y me dice: "Glaucia, tuve un sueño de que el bebé era varón, y que cuando tú te enterabas no aceptabas muy bien la noticia". Yo, como buena mujer deseosa de ser madre de una niña, dije a mi esposo: "Es un sueño nada más, yo sé que cargo en mi vientre una niña". Él aviso a mi mamá y mi papá porque él estaba seguro de que era un varón. Toda la gente me decía, "ya viene la niña"... hasta que llegó el día cuando fui a hacer el ultrasonido y el médico dijo: "Felicidades, viene el tercer niño". Yo no logré asimilarlo. En ese momento el bebé se tapó la cara, tal cual mi esposo había soñado.

Empezó entonces el gran dilema y quizás una de mis mayores experiencias con Dios.

Yo dije: "Señor, ¿por qué me dejaste ilusionar, por qué descubrí por una palabra que estaba embarazada, y qué pasó con el resto de la palabra de que sería niña?". Fue el gran silencio de Dios durante todo el embarazo, y mi esposo viajaba, mandaba ropa de niña de regalo, la gente me escribía de distintas partes de mundo a decirme que yo tendría una niña, gente que no me conocía y ni sabía que yo estaba embarazada, hasta el nombre decían igual. Mi esposo y una amiga que era una señora mayor eran los únicos que me decían que era niño.

Yo pasé ese tiempo luchando porque no quería pasar malos sentimientos a mi bebé, y muy enojada con Dios porque dejaba que la gente me siguiera mintiendo, diciendo que, a lo último, en el parto yo tendría una gran sorpresa. Fue un tiempo que me enojé con Dios y con el mundo, y eso incluía a mi esposo, que fue el portavoz de Dios. Yo creía que él tenía la culpa. En las últimas semanas de embarazo mi placenta quedó con poco líquido y mi bebé dejó de crecer, y para mí fueron los ataques más fuertes en mi mente, de que yo era la culpable de aquella situación.

Cuando llegó el día del parto, mi mamá, que también estaba tan confundida con las palabras, llevó una ropa de niña, por las dudas de que fuera verdad lo que me decían. Entonces llegó mi tan amado David, un varonazo con todas las letras. Fue uno de los más grandiosos regalos de Dios para nosotros. Los ataques no pararon porque personas cercanas me decían: "A lo mejor el embarazo que perdiste era la niña", y entonces en medio de la alegría de la llegada de David, el enemigo me quería robar la alegría diciéndome, "no fuiste capaz de retener el segundo embarazo". Fue el momento de mezcla más fuerte, porque tenía la promesa en mis manos, pero tenía los acusadores. Viví una crisis con el profeta de la casa (mi esposo).

Me acuerdo de que en el primer viaje que hicimos con David, que tenía dos meses, fuimos a Cartagena, y un profeta americano me dijo: "Dios no te dio un hijo, mas Dios te dio un propósito y no serás solo madre, serás la mentora de un gran propósito para ese mundo".

Allí empezó la sanidad, y al mes siguiente de esa palabra, yo estaba con mi familia en un evento en Miami, y mientras muchos pastores estaban ministrando, el Espíritu Santo habló a mis oídos diciéndome: "¿Recuerdas cuando tenías 18 años que renunciaste a la universidad, renunciaste a tus sueños y oraste diciendo: 'Señor, mi vida y todo lo que tengo es tuyo, ¿haga su voluntad?'". Yo dije: "Sí, me acuerdo". Entonces me contestó: "Yo tomé en serio tu oración".

Seguido me dijo: "¿Tú crees que yo podría darte una niña?". Yo dije: "Sí, claro". Él siguió diciéndome: "¿Para qué querías una niña? Para jugar con ella, para vestirla como tú... es muy pequeño, tu casa es casa de propósito, no puedo darte algo como una niña caprichosa solo para complacerte, si no hay propósitos mayores".

Entonces me recordó cómo le entregué mi vida, y me dijo, "yo puedo hacer cambios y ajustes según mi propósito". Ese fue el mensaje de mi sanidad, Dios no usó profetas. Me lo dijo: "Yo necesitaba probarte para no depender de nadie, para hablar de mi parte contigo. Necesito que tus oídos estén afinados, y en medio de tantas voces y opiniones puedas discernir mi voz." Para mí fue sanador. De aquel día en adelante entendí que mi familia compuesta de 4 varones y solo yo de mujer, es el diseño perfecto de Dios.

Aprendí que hay personas que reciben palabras, pero luego las mezclan con sus emociones, porque, claro, para muchas personas el diseño perfecto de una familia es cuando tienen hijos hombres y mujeres, pero existen familias que Dios diseñó para que solo nazcan mujeres, y otras solo hombres, y otros mezclados; los diseños de Dios son perfectos. Hoy yo vivo tan feliz con mis 4 varones, y verdaderamente creo que no fui diseñada para ser madre de niña. Una niña no aguantaría el ritmo de vida que llevamos como familia. Mas de algo sí estoy segura: yo nací para ser madre, yo amo ser madre, el trabajo más duro de 24 horas sin remuneración económica, para mí la dádiva y la forma que puedo ver más cercana al amor de Dios.

Verdades para atesorar

Como sé que mis hijos son hombres de propósitos, me dedico mucho a su formación. No he sido una madre muy permisiva. Yo soy muy consciente que ellos estarán conmigo por un tiempo y que ese tiempo lo tengo que usar muy bien, porque eso es lo que llevarán para toda la vida. No he delegado el cuidado de ellos a nadie; lo tomé como una de mis mayores responsabilidades para poder dejar un legado y marcar el mundo por medio de ellos.

He dejado de hacer muchas cosas simplemente para ser buen ejemplo para ellos; son las renuncias más gratificantes de mi vida. Hablo mucho con ellos, les explico que no deben llevar la carga de ser hijo de ... que ellos no tienen que sentirse obligados a dar continuidad a lo que empezamos, porque veo que esa es una carga que llevan muchos hijos, y que ha habido padres que usurparon el propósito de sus hijos por querer que ellos fueran la continuación de sus padres.

Yo creo particularmente que el llamado y el propósito son personales. Yo los preparo en la medida de lo posible para que dondequiera que vayan, ejerzan la profesión que ejerzan, siempre sean hombres que teman a Dios sobre todas las cosas, y que representen a Dios en el lugar donde estén.

El sucesor de Moisés no fue su hijo y sí Josué, y tantos otros que fueron levantados no porque eran hijos de... y sí porque Dios tenía un propósito. Como madre expongo a mis hijos a los lugares donde nos toca servir como familia. Hoy los dos mayores son adolescentes y ellos aman servir, porque vieron el ejemplo de nosotros como padres, que servimos por amor y vocación. Pero yo no tengo ilusiones o pretensiones proyectadas en ellos, solo cumplo con la función de prepararlos para que vivan como hombres de valor. Dios a su tiempo hará el llamado a cada uno de ellos.

7

Abraza tu propósito

Dedicada a ser esposa y mamá, mis dos mayores misiones y prioridades, Dios me dio la gracia de ser lo que había anhelado, que es ser líder espiritual. Yo abracé ese llamado con mucho amor, llevando como ejemplo el amor y la dedicación que tengo como madre. Dios me dio la oportunidad de ser un Mardoqueo (consejera) para muchas personas que no se sentían capaces. Formé a muchas mujeres a lo largo de estos años de servicio. Para mí es un privilegio tener una voz y poder ayudar a personas. Hoy muchas de esas mujeres son pastoras, líderes, profesionales, esposas, madres ejemplares.

Considero una dádiva de Dios haber estado muchos años en una ciudad donde era muy fuerte el machismo, y por la forma de ser mi esposo y valorar mi persona como mujer, logré tener el respaldo de Dios y de él, para poder ayudar a muchas mujeres a salir de sus yugos pesados de esclavitud, de baja estima, mujeres que en su mayoría sufrían abusos constantes, y enseñarles que ellas tenían valor. Para mí ser una líder al lado de mi esposo es un regalo de Dios para poder ayudar a muchas personas, que es lo que yo amo, porque el mundo no tiene sentido si no tiene personas, y Dios lo que más ama son las personas. Es una tarea muy difícil que no tiene remuneración ni mucho reconocimiento. Es como el trabajo de la madre, pero yo sé que en los cielos esos trabajos anónimos tienen mucho valor.

Mi llamado o propósito de vida siempre tuvo que ver con personas. Por eso creo que Dios intervino e hizo mis sueños más grandes. De niña soñaba con ser asistente social, ayudar personas y no logré tener ese título universitario porque decidí ir a las misiones, pero yo sé que he cumplido con ser asistente social y también espiritual. Ser pastora nunca fue un anhelo, yo huía de eso, pero Dios, de una forma muy especial, me fue llevando a ese lugar.

Como esposa de un pastor decidí abrazar el llamado y estar junto a él. Como yo crecí en la iglesia, aprendí mucho sobre lo buenos y lo malo; junto con mi esposo que recién se convertía, Dios hizo la unión perfecta: lo viejo con lo nuevo. Nos fue muy bien, siempre hemos trabajado de común acuerdo. Empezamos la iglesia los dos solos, crecimos juntos, tuvimos muchos errores, pero siempre hemos pedido que el Espíritu Santo sea nuestro líder. Tenemos pastores que han creído en nosotros cuando éramos solo dos jóvenes con una misión.

Nuestros pastores lograron ver lo que Dios haría con nosotros en el futuro. Su cobertura y su respaldo fueron fundamentales, y hoy, aun siendo jóvenes, tenemos miles de personas que están bajo nuestro pastoreo, todo por la gracia de Dios porque somos dos improbables, un matrimonio que para muchos sería un fracaso, pero que hemos decidido creer a Dios con todo el corazón. Como esposa de profeta si me toca tener un rol diferente, cuando pastoreamos podemos buscar la guía juntos: cuando él ejerce su don profético son, no es solo él y el Espíritu Santo, yo no intervengo.

Yo siempre digo que tengo la dicha de tener varios maridos en un solo, y tengo que saber cómo lidiar con cada una de esas funciones. Yo bromeo que cuando es mi marido yo puedo cuestionar, pero cuando es mi pastor y el profeta yo no me atrevo, solo obedezco. En nuestra congregación tenemos el cuidado de casi nunca ejercer el don para no tener una iglesia movida solo por palabras proféticas. Entonces somos pastores y apóstoles en las congregaciones que Dios nos dio para cuidar. Afuera sí se ejerce el don profético con más libertad, y en ese caso como esposa solo me toca interceder para que no haya ninguna interferencia. Luego me toca cuidar el descanso y la salud del profeta.

Pero mi esposo es multifuncional. Tiene una gracia de Dios especial, a la cual yo agradezco a Dios que me lo reveló antes que a nadie. Él es muy buen maestro y evangelista. Yo tengo, en un solo hombre, un pastor, un apóstol, un profeta, un maestro y un evangelista. Aparte de escritor, es muy buen comunicador. Logré ver todo eso cuando él no tenía absolutamente nada. Todo estaba resumido en lo que Dios me dijo: "Haré de él un gran hombre".

La palabra "haré" en aquel tiempo no la entendí muy bien. Hoy entiendo que era un proceso, que en la eternidad ya estaba planeado, pero aquí en la tierra tocaría trabajo entenderlo y poner en práctica. Pero por esa palabra no me detuve, y te puedo decir que a pesar de todo lo grandioso que hemos vivido, no me doy por conformada. Yo siempre le digo a mi esposo: "Hay cosas grandiosas que Dios depositó dentro de ti que aún no han sido reveladas", porque si tuve fe para creer cuando no había evidencias, mucho más ahora que ya hemos visto las poderosas manos de Dios obrando a nuestro favor. Hoy lo hago también con mis hijos; los aliento y siempre los empujo a que pueden hacer cosas grandes y extraordinarias. Creo que Dios vio que yo podría ver y diferenciar cada uno de esos propósitos. A veces me mareo un poco, pero luego el Espíritu Santo me vuelve a poner en el lugar.

Claro que en ese ministerio sí recibimos muchas críticas de la gente que fue herida por lo profético o por no creer, pero para nosotros como familia es fácil no marearnos porque hemos visto el respaldo de Dios en cada palabra soltada, y porque no hemos visto que mi esposo se haya dejado manipular, a pesar de los numerosos intentos. Tenemos una verdad, las críticas y mentiras ya no tienen mucho peso.

Lo que puedo definir es que ser mujer en medio de cuatro hombres con propósitos y potenciales tan grandes no me da margen de dudar quién soy yo. Yo conozco mi lugar. Existen días cuando acompaño a mi esposo en las giras con toda la familia; existen tiempos que él va solo con uno de nuestros hijos; hay tiempos cuando vamos solo los dos.

A mí me toca la administración de mi hogar y de mi familia, me toca organizar las agendas para que en las fechas especiales siempre estemos juntos, me toca ser portavoz de mis hijos; me toca ser el puerto seguro de alguno de ellos en sus momentos de frustraciones, me toca ser la esposa del pastor, me toca ser la asistente, me toca ser maestra de mis hijos porque ellos estudian en la casa. Me toca ser oído y poder traducir a mi esposo de una forma que él logre entender. Me toca ser pastora de mi hermano y su familia, y separar ser hermana de ser pastora, y somos cobertura espiritual de mis papás. Todo se logra cuando se tiene claro el propósito.

La Biblia dice que la mujer prudente es herencia de Dios[10] para el hombre, y sé que la prudencia y la sabiduría es mi papel en medio de la hermosa familia que Dios me regaló. Una de las definiciones de prudencia es calcular el impacto de las acciones. Me siento la equilibrista de esta familia. Ser como una balanza no es fácil porque ser justo muchas veces es difícil. Pero sé que Dios me confió ese trabajo y es Él quien me capacita.

En algún momento por las voces de las multitudes me sentí frustrada, porque me decían: "Tú no eres reconocida, siempre llevas la gloria tu esposo u otra persona". Pero hoy ya no me siento así; cuando lo veo brillar siento la satisfacción de haber hecho un gran trabajo. Y sé que hay una recompensa que me espera en los cielos. La del mundo es muy pasajera, pero la recompensa del cielo es eterna, y yo prefiero esperar la mía. Mientras eso ocurre, cuando yo veo mis hijos logrando cosas escucho a muchos decirme, "muy buen trabajo".

---
10. Ver Proverbios 19:14.

Cuando veo a mi esposo brillando, su rostro refleja el mío, y las personas siempre me dicen, así como mi esposo también verbaliza, "el mérito de ese trabajo es todo tuyo, sin ti sería imposible", esa es una grandiosa paga. Mi esposo luchó mucho para escribir su libro. Yo lo alentaba y siempre le decía: "No puedes irte de este mundo sin impartir todo lo que tienes". Insistí mucho hasta que escribió y el libro es un éxito. Cuando veo miles de testimonios de gente de todas las edades diciendo que el libro es maravilloso, que les cambió la vida, veo a niños llorando, leyendo el libro, yo digo que hice un buen trabajo.

Verdades para atesorar

Saber el propósito es el mayor descubrimiento, y mujer, déjame darte un consejo si eres una profesional, si eres una pastora … entiende que no estás en ese lugar porque eso cumplirá su propósito; tienes un propósito, por eso estás en ese lugar. Si eres esposa y/o madre, la Biblia nos enseña que esa es tu mayor prioridad, Dios no te pedirá más cuenta de lo que hiciste fuera de lo que es su propósito mayor: ser ayuda idónea y hacer parte de la multiplicación.

Mientras Adán estaba solo, el diablo no lo molestó, pero cuando Dios creó a la mujer, el diablo metió su plan, porque sabe que un hombre con una mujer enfocada son una potencia y una amenaza para el infierno. Por eso siempre quiere sacar a la mujer de su propósito, quiere sacar la mujer de la casa, del lado de su esposo. La mujer, por la sentencia que Dios dio en el Edén, es la enemiga número 1 del diablo.

Hay siempre una lucha trabada en contra de la mujer, porque el enemigo que la mujer representa es el mismo Dios en la vida de los varones. Dios es reconocido como Ayudador, y depositó esa esencia dentro de la mujer, pero el enemigo quiere que la mujer entre en competencia con el hombre, diciendo que ser ayuda es ser disminuida, y la mujer no entiende que ese es el cuidado de Dios con ella. El hombre es el que firma, el que tiene la responsabilidad, el que dará cuentas delante de Dios.

La mujer tiene la tarea tan linda de vigilar las espaldas del hombre para que no sea atacado por sorpresa, tiene la tarea hermosa de formar la próxima generación. Grandes hombres que hicieron historia en este mundo tuvieron algo en común: grandiosas madres que se dedicaron por un tiempo a educarlos, y cuando ellos crecieron y cumplieron su propósito, esa madre también fue alabada.

Por una mujer el pecado entró en el mundo, pero también una mujer fue escogida para traer el salvador al mundo. A ella Dios le dio la más grandiosa misión de educar y cuidar al salvador del mundo; esa misma gracia está sobre nosotras, de no solo formar hijos de nuestro vientre y sí de bendecir a una generación. Mardoqueo no era padre de Ester, José fue padre adoptivo de Jesús, y como muchos otros, lo que les ligó no fue el lazo de sangre y sí el propósito.

Se cuenta en historia de que durante una guerra no dieron importancia a las ancianas y las dejaron vivas, porque pensaban que ellas ya no podían hacer nada para cambiar el mundo. Cuando la guerra terminó, los jóvenes estaban más fuertes que nunca en sus convicciones en Dios, porque escucharon las experiencias de las abuelas.

Fuiste creada para influenciar, para cambiar el mundo, para ver lo que otros no pueden ver.

"Casadas, cuiden de sus maridos",[11] "Las mayores enseñan a las más jóvenes"[12] no es una tarea de rebajarse. Esto es lo más poderoso y glorioso que Dios depositó sobre las mujeres, porque sabe que una mujer decidida y bajo bendición puede cambiar el mundo como lo hizo Ester. Ella cambió la historia de su pueblo, que tenía temor a morir, a ser un ejército poderoso y temible para todos.

Las palabras de afirmación y proféticas más poderosas están en tu boca. Que alguien reciba un consejo, una palabra, puede hacer diferencia, pero tener una esposa, una madre, una abuela, una mujer que conoce tan bien al otro y así mismo decide todos los días dar palabra de crédito, eso sí cambia mucho la vida de los demás.

---

11. Ver Efesios 5:22-31.
12. Ver Tito 2:4-15.

El ejemplo de Ester

Yo amo la historia de Ester, una niña que tenía todo para ser una mujer depresiva, amargada, pero creo que una persona fundamental hizo la diferencia en la vida de Ester: su primo Mardoqueo. Cuando veo toda la historia, hay una característica en la vida de Ester: ella era llena de gracia. La gracia es un favor inmerecido de Dios, por causa del sacrificio de Jesús, pero Ester vivía en el tiempo de la ley, donde la gracia no era tan conocida. Pero yo pienso que Mardoqueo era un hombre que vivía en un tiempo diferente; para mí él fue el profeta de la vida de Ester, un visionario.

Ese hombre enseñó a Ester a ver la gracia en medio de sus circunstancias. Yo me imagino que él le decía a Ester: "Estás viva, no moriste como las otras niñas". En otro momento tal vez le decía a Ester, "tienes en mí un primo cercano para cuidarte, no eres como las demás niñas que tiene que vivir con extraños", y así le enseñaba a dar gracia. Era una mujer que venía de un linaje real, que conociendo todas las reglas decidió desobedecer el rey. Surgió la oportunidad de una huérfana, extranjera, esclava, ir a vivir junto con las candidatas a reina porque tenía un propósito ante Dios.

Me llama la atención que su primo dio consejos sabios, pero no habló demasiado, no dijo sus raíces en el momento. ¿Eso era una trampa? ¿O porque tenía vergüenza de quién era? No, porque él ya entendía lo que más adelante Salomón diría: *Todo tiene su tiempo, y todo lo que se quiere debajo del cielo tiene su hora…tiempo de callar, y tiempo de hablar…* (Eclesiastés 3:1,7) A veces cuando hablas demasiado o de forma apresurada, das armas a tu enemigo para atacarte. Tu enemigo no puede tener demasiadas informaciones sobre ti, porque gana ventaja.

Ester siguió el consejo de su primo y se mantuvo callada. La otra cosa que analicé sobre la vida de Ester es que mientras ella estaba con su familia, en medio de su gente, era fácil que ella creyera en Dios. Pero siendo expuesta a otro mundo, ella tendría todo el derecho de inclinarse para el otro lado. Ella podría pensar, "mira cómo vive la gente que no sirve a Dios, viven mejor que mi pueblo.

El momento de estar lejos de casa fue un momento de colocar a prueba el corazón de Ester, a ver si lejos de los ojos de su primo ella iría seguir siendo fiel a Dios, si sus creencias eran verdaderas. Muchas personas viven basadas en las creencias familiares. Mi abuela tenía muchas creencias; decía que no dejara los zapatos del lado contrario porque alguien podía morir en la casa. No se podía barrer la casa en la noche, no tomar jugo de mango con leche y así, frases de muchas creencias, que cuando crecí vi que no eran verdades, eran ideas de mi abuela.

Yo misma dentro de la iglesia, viví muchas creencias erróneas, por lo que los líderes pensaban que era pecado. Yo vi mucha gente ser disciplinada porque pasaban frente a un televisor y echaban una mirada, y gente ser excluida de la iglesia por cortarse las puntas del pelo. Una vez alisé mi pelo, que es rizado, y eso me provocó una pérdida de pelo. Me acuerdo de que mi mamá me llevó al médico para que me diera una nota médica diciendo que era un problema de *shock* químico, si no, mi mamá y yo corríamos el riesgo de ser disciplinadas.

En otra ocasión yo aun no estaba bautizada en las aguas, pero fui disciplinada porque estaba usando una falda más larga que lo permitido, porque se permitían 4 dedos debajo de la rodilla y la mía tenía 8 dedos; dijeron que era moda del mundo, y me disciplinaron. Así, como muchas otras historias, yo viví dentro de la iglesia por falsas creencias.

Cuando tenía 18 años fui como Ester, sacada de mi familia, para irme a la escuela misionera, y muchas de mis creencias quedaron sin argumento, pero fue donde conocí un Dios de amor, fuera de la religiosidad. Cuando un día regresé de visita a mi casa, todos me decían que yo estaba muy cambiada. Recuerdo que hasta mis papás dudaron si habían hecho bien en enviarme a la escuela misionera, porque mi visión cambió. Dejé algunas costumbres que no tenían que ver con el evangelio, y muchos creían que yo estaba apartada de Dios; pero fue cuando más cercana estaba de Él.

Ester pasó por ese tiempo, donde muchos por no tener buena base se inclinaban para el otro lado, se vendían, olvidaban sus raíces y sus promesas de que serían fieles siempre. El tiempo de soledad, el tiempo que estamos lejos de ciertos ojos, es donde se prueba nuestra integridad. Yo misma, lejos de casa ya con mis 18 años, no me animaba a hacer nada que mis papás me habían enseñado que no era correcto, y eso me mantuvo lejos de cometer muchos pecados.

Hoy yo sé que seguí las instrucciones porque mis papás, principalmente mi madre, que los 9 primeros años fue la única cristiana, nos guiaba en los caminos. Ella siempre fue mi mayor ejemplo de integridad, lealtad, una mujer de palabra, una mujer a quien nunca le gustó la mentira, quien me enseñó con sus actos a ser perseverante. Mi mamá fue mi Mardoqueo en el ejemplo de ver la vida con los ojos de la gracia. Yo realmente fui agradecida. Mi mamá, teniendo una historia de mi vida tan difícil, cambió el destino de su generación cuando aceptó a Cristo y decidió ser una cristiana de verdad.

Ester encontró gracia delante del eunuco que cuidaba las candidatas. Aun no era reina, pero ya tenía quien le sirviera. Ella tuvo un cuidado especial, yo no sé si otras judías se presentaron como candidatas, pero Ester fue valiente. Mi papá fue otro Mardoqueo para mí. Él me decía, "tú puedes, eres fuerte, eres corajuda". Él, con sus palabras, me preparó para que yo me fuera a vivir en el lugar que cambiaría el destino de mi vida y de mi casa para siempre.

Cuando llegué a la escuela misionera, Dios fue tan especial conmigo, porque Él sabía que era la primera vez en 18 años que me alejaba de mi familia y vivía con un montón de desconocidos. Él preparó una familia linda que amo mucho, y que en ese tiempo fueron como el eunuco del rey. Ellos dijeron a mis papás, "no se preocupen que cuidaremos de ella como nuestra hija", y así fue. Ellos me cuidaron, me mimaron, muchos en la escuela misionera se enojaban porque decían que yo tenía privilegios, pero era el cuidado de Dios con una niña que en aquel tiempo estaba sola. Agradezco a Dios por Walter Santos, Ely Botello que me cuidaron como a su hija, a Tata y Alison por amarme y compartir conmigo como si fuera su hermana.

Ese tiempo para muchas podía parecer perdido, quizás muchas perdieron su enfoque y decidieron solo aprovechar el tiempo de preparación, pero para Ester fue el tiempo de fortalecer sus creencias, de crecimiento en conocimiento de cómo ser una reina. Por más que ella no fuera la elegida, ella jamás saldría de aquel lugar de la misma forma. A veces no damos importancia a los procesos, no aprendemos como se debe; a veces solo cumplimos con el estar, desaprovechando oportunidades que nunca más volveremos a tener. Ester seguramente trabajó su estima propia, aprendió cómo hablar, cómo comportarse, cómo vestirse, hasta la manera de comer.

Para todo en la vida tiene que haber una preparación. Cuando llegue la oportunidad, la gente preparada y con gracia siempre saldrá delante de los demás. A veces uno quiere estar en lugares más altos, pero no estudia, se viste de cualquier manera, habla y escribe mal. Eso limita poder subir de niveles.

Yo tenía como 13 para 14 años cuando fui con un grupo de jóvenes a Río de Janeiro a participar de una conferencia. Al llegar a ese lugar, fuimos a comer en un restaurante, y creo que fue mi primera vez, y yo no tenía costumbre de comer con cuchillo. Cuando lo pusieron en la mesa, yo no sabía cómo usarlo y pasé la vergüenza de mi vida. Regresé de aquel lugar desafiándome a que aprendería y como soy determinada, me sentaba en la mesa todos los días a comer con tenedor y cuchillo.

Ni el pollo me gustaba comer con las manos y recuerdo que mi mamá me regañaba y decía: "Estás muy fina que ahora quieres comer todo con tenedor y cuchillo", pero eso me sirvió mucho. Tanto es así que cuando conocí a mi esposo, como ya les conté, lo primero que le dije fue que aprendiera a comer con los cubiertos correctos. Y a mis hijos, desde pequeños, les puse en la mesa y no permito que coman en otro lugar y siempre con los cubiertos. La vergüenza que pasé me enseñó a evitar que otros pasaran la misma vergüenza.

La lengua española siempre me atrajo, entonces me acuerdo de que yo escuchaba canciones cristianas en español, todos se reían de mí y decían, "ahora solo cantas en español". Pero yo aprendí muchas palabras por las canciones. No sabía yo que Dios me estaba haciendo escuchar lo que yo hablaría en el futuro. Me estaba exponiendo a aquel mundo diferente de todos los demás que estaban a mi alrededor y el español pasó a ser la lengua que más hablo, más que mi lengua materna, y la lengua que Dios usó para conocernos.

Por hablar español pude conocer a tanta gente que me bendijo, que yo amo como familia. Gran parte de mis mejores amigas hablan español, porque un día aprendí a hablar español, hoy estoy escribiendo ese libro, y lo estoy escribiendo en español en vez de portugués. De verdad que ahora, pensando bien mi vida, sería totalmente diferente si yo no hubiera aprendido a hablar español. Una simple preparación puede cambiar por completo la vida de centenas de personas.

Los cientos de testimonios que recibimos por las prédicas mía y de mi esposo, es porque predicamos en español en su mayoría. Si no hubiéramos aprendido, no hubiéramos alcanzado a millones de personas, y no hubiéramos sido testigos de centenas de milagros. Yo creo que Ester hablaba los dos idiomas. En la casa del rey quizás priorizó su vocabulario, por eso después pudo comunicarse con el rey.

A veces tu corazón arde por algo, o simplemente cruza en tu camino alguien que habla diferente. Míralo como una oportunidad de entrar por una puerta y que detrás de esa puerta haya otras centenas de puertas más. No ignores lo que pasa a tu alrededor; úsalo con gracia.

El eunuco dio instrucciones a Ester de no pedir mucho, de ser como ella era, con su gracia, su esencia. Y Ester no pidió nada exuberante, no se puso una máscara para impresionar. Ella estaba segura de quién era, y que había aprendido bien la lección. Ester se presentó segura, pero con su gracia. Ella estaba ungida, había quedado mucho tiempo expuesta al aceite. Cuando pienso en esa historia, me hace recordar las instrucciones que nos dan cuando vamos a una entrevista con el cónsul en la embajada americana. Siempre dicen que no hable más de lo que te pregunte.

Vi gente hablar demasiado y tener su visa denegada, gente intentando impresionar y ser desenmascarada. Usar falsa identidad es un crimen. Mucha gente usa identidad falsa en el ministerio, en la familia, con los amigos en el trabajo, aparentando ser lo que no son, pero siempre se descubre y las consecuencias son terribles, Jacob quiso aparentar ser Esaú y eso le costó muy caro.

Yo acostumbro a decir a mis hijos que la mentira tiene olor feo. Cuando estás acostumbrado a oler y escuchar la verdad, si algo es mentira y lo percibes, yo digo a ellos que la mentira despide mal olor y atrae insectos, como la basura atrae las moscas. Yo siento olor rico cuando una persona pasa tiempo con Dios; sale por los poros ese olor rico que atrae. La carne cruda, por ejemplo, no tiene un rico olor, pero la carne asada atrae de lejos. Es como nuestra vida cuando está expuesta al fuego de Dios; cuando estamos mucho tiempo con Jesús exhalamos buen perfume.

Existen personas que compran esos perfumes adulterados. En un principio se huele rico, pero luego el perfume se va. Pero cuando pagas por un perfume original, esa es pura esencia, es caro, y una gota es suficiente para oler rico todo el día, la ropa queda perfumada, por donde tocas queda perfumado. Cuando llegas el ambiente cambia, la gente es atraída por ese buen perfume, y quien conoce te dice hasta cuál perfume estás usando. Pasar tiempo con el Espíritu Santo te hace estar impregnado de aceite, como estuvo Ester. Creo que cuando Ester entró en la sala del trono, todo el ambiente se cambió. La elegancia de caminar, la sonrisa en los labios, la sinceridad en la mirada exhalaba un perfume diferente que se mezclaba con su gracia interior; eso hizo toda la diferencia.

El rey quedó fascinado, esa mujer era diferente. Claro, él no sabía que Ester tenía sus atributos, pero sobre todas las cosas tenía un Dios soberano. Y todas las personas, sin importar su estatus, su origen, siempre están en búsqueda de Dios, y de ser llenos de la presencia de Dios en ese mundo ya nos hace diferentes. Si le sumamos a eso una preparación física y mental, todo queda completo. No hay forma de que la gente no sea atraída hacia ti, no por lo que eres en sí, sino por lo que portas. Yo creo que Ester era excelente en todo. Siempre digo a mis hijos que a Dios le gustan las cosas ordenadas, perfumadas, combinando. Por eso todo que hizo tiene colores, sabores diferentes, combinaciones perfectas.

Hace unos meses atrás estaba con una amiga pastora, una mujer super elegante, y ella me dijo: "Amiga, el Señor puso en mi corazón el deseo de darte un regalo hace mucho, pero quedé en vergüenza". Yo dije: "Amiga, si el Señor la mandó, deme luego eso que es mío".

Ella me dijo: "Sabe, amiga, yo hice una consulta de imagen, y eso cambió mi vida. Dejé de gastar horas frente al espejo intentando encontrar la combinación perfecta, dejé de llevar maletas gigantes para mis viajes".

Yo dije: "Eso mismo es lo que necesito". Ella me dijo: "Me da vergüenza porque no quiero que sientas que estoy diciendo que te vistes mal". Yo dije: "Tú eres mi amiga, y si me visto mal, me tienes que decir". Marcamos el día, fui para ministrar en el congreso de mujeres que ella organizó en la Ciudad de Camboriu en Brasil que se llama "Princess". Llegué unos días antes, recibí la consultoría maravillosa, donde aprendí cuales tonos de piel recibía bien, qué combinaciones hacer, qué evitar usar. Yo le dije a ella que eso era una liberación completa.

Aprendí que muchas veces me gustaba algo y lo compraba, pero luego no me gustaba como me quedaba en mí, o ciertos modelos y colores quedaban bien en mis amigas, pero en mí no.

Descubrí que soy primaveral, o sé que todos los colores de la primavera me quedan bien. Por eso el amarillo es mi color preferido.

Aprendí por qué me gustan los brillos; porque mi piel queda bien con los brillos, y supimos que el plateado no me quedan muy bien y sí el dorado. Entonces ese día fui a comprar algunas prendas de ropa que combinaban conmigo y yo ya había entrado en la transición de dejar mi pelo rizado natural, pero no había tenido el valor de cortarlo para empezar de cero.

No me gusta mucho el pelo corto, y a mi esposo tampoco le gustaba, pero esa amiga me animó y fui al peluquero, que me cortó super cortito. Yo sufrí por mí, sufrí por lo que mi esposo pudiera opinar, pero estaba decidida a hacer algo que marcara un nuevo tiempo y que me cambiara por completo.

Me encantó mi pelo, a mi esposo también, a mis dos hijos mayores, y a David, mi hijo pequeño, le chocó el cambio. Nunca me había visto de pelo corto y rizado. Me dijo: "No me gusta, mamá". Pero como yo ya estaba fortalecida por dentro y decidida, yo dije que él tenía todo el derecho de que no le gustara y yo respetaba su opinión. El tiempo pasó y él ya se acostumbró. Llegando al congreso subí a ministrar con *jeans*, un saquito, mi nuevo corte de pelo, y prediqué sobre mis experiencias que es de lo que más me gusta hablar, y hablé sobre la bendición de ser esposa.

Al terminar el congreso, alguien me escribió por las redes sociales, y fue como sentir el ok de Dios. Ella me contó que era líder, pero que ella se sentía menos que su esposo, que odiaba su cabelo rizado, que ella buscaba ser profesional y tener éxito afuera, porque vio una historia muy triste en el matrimonio de su madre. Me contó que no cuidaba mucho a sus hijas; que se embarazó porque el esposo deseaba mucho tener hijos. Que ella hasta imaginaba que su esposo merecía una mujer alta, inteligente y que esa mujer no era ella; que no se sentía digna de acostarse al lado de su esposo.

Pero me dijo que cuando yo subí, el Espíritu Santo empezó a ministrar antes de que yo hablara, solo con mi forma de vestir, con mi pelo natural. Me dijo: "Su imagen me impactó, yo imaginaba la esposa del profeta Ronny llena de joyas carísimas, cabello alisado, con un cuerpo exuberante". Pensé si sería un elogio o una indirecta (por los rizos). Me dijo: "Escucharla hablando de cómo Dios te usó para bendecir a tu esposo me cambió la vida. Aquel día volví a casa siendo esposa de mi marido. Me acosté en la cama orgullosa de ser esposa; sentí que mi hogar me pertenecía".

Cuánto me alegró escuchar aquel testimonio y saber que quien es auténtico también tiene su público y alcanza gracia delante de Dios. A veces pensamos que tenemos que cambiar y parecernos a alguien para ser usado o bendecir a otro. Lo que necesitamos es prepararnos para lo que Dios nos llamó a hacer. Nada opera en contra de quien se opera, usa joyas o carteras de diseñador. Yo también las uso, pero hay ocasiones en que la forma de hablar o de vestir habla por sí solo.

Ester se preparó mentalmente para no ser una mujer que reaccionara con la emoción, si no, hubiera arruinado todo. Su primo le dijo que todo lo había estado preparando y el lugar de privilegio que llegó a tener Ester debía ser usado para Dios porque su pueblo necesitaba salvación. En esa hora exacta del propósito mayor, Ester se asustó, algo muy normal, porque su vida estaba en riesgo. Ella entonces entendió que sola podría y convocó a la gente para orar y ayunar, porque hay procesos que tú pasas solo, pero no eres la única persona que Dios está preparando. Nada más que él lo hace de forma separada y los junta en el monte. En Eclesiastés[13] dice hay tiempo de separarse y tiempo de juntarse, porque cada uno tiene procesos diferentes.

A veces Dios te separa de la familia como hizo con la mayoría de los hombres y mujeres de la Biblia, porque Él tenía un propósito grandioso. Eso no es porque Dios es malo, es para que

---

13. Ver Eclesiastés 3:5.

lo conozcas a Él de una forma diferente, es para que intimes más con El, es para explotar tu potencial. Y en algunos casos te hace volver para salvar a toda la familia como hizo con Ester, con José, con David y muchos otros más. Si no los hubiera sacado de su lugar, todos se hubieran perdido.

Ester entendió que necesitaba refuerzo. Hay que aprender a discernir los tiempos para buscar refuerzo en la hora correcta. Después de eso, ella entró en presencia del rey y por su osadía, Dios no permite que ella muera. Pero ella, con una inteligencia emocional grandiosa, decidió hacer con las cosas con paciencia y de forma sabia. Siempre digo que, si quieres conquistar a alguien, prepara una buena comida. Esa fue una de las estrategias que usé con mi esposo y gané por mis dotes culinarias. No me gusta mucho la cocina, pero logré conquistarlo.

Ester era bendecida porque tuvo a quien pedir que preparara un banquete y me sorprende que tuvo su enemigo en frente, pero supo la hora de hablar. Tuvo inteligencia emocional, no se fue de frente, sino que fue haciendo que el rey entrara en conciencia hasta que se reveló el plan del enemigo, que no tuvo tiempo de armar una revancha. Todo el pueblo y Mardoqueo fueron bendecidos por la decisión de Ester, que cambió la vida de muchas personas.

Cuando yo decidí ir a las misiones yo no sabía que el destino de mi familia cambiaría.

Mi hermana vivió conmigo por unos años y aprendió a hablar español, y hoy parte de su trabajo es porque ella habla español. Mis papás vivieron 15 años en Argentina, ganaron muchas almas para Jesús, casaron y bautizaron a muchas personas que tuvieron sus vidas e historia cambiadas. De ellos salieron 3 iglesias nuevas. Ellos ya mayores aprendieron a hablar otro idioma. Mi hermano y mi cuñada viven en Argentina, son misioneros, y mis sobrinos hablan dos idiomas. Mi suegra y dos cuñados también pasaron por Argentina, aprendieron a hablar otro idioma, uno de ellos es casado con una argentina y tiene dos hijos argentinos.

En Argentina tenemos 30 iglesias bajo nuestra cobertura. Ya hemos viajado por casi toda Argentina predicando, miles de almas aceptaron a Cristo, fueros libres de la muerte, de la droga, del suicidio. Personas que se conocieron en el auditorio hoy están casadas con hijos. Personas que no tenían nada hoy son empresarios, pastores, líderes, ministros. Por los intercambios tenemos unos 4 hermanos brasileños que se casaron con las hermanas argentinas.

Cientos de personas han sido sanadas. Mis hijos hablan 3 idiomas, y sé que, si nosotros como papás hablamos dos idiomas, hemos viajado el mundo y logramos que el mensaje llegue a millones de personas, no logro imaginar lo que Dios hará con mis hijos. Todo porque un día una joven de 17 años se atrevió a salir de su zona de confort y hacer lo que nadie en su familia, ni en su entorno había hecho. Una niña que hoy ya es una mujer de 40 años, y eso fue hace 23 años atrás donde no había los recursos que hay hoy.

Verdades para atesorar

Imagina que pones tu vida en las manos de Dios y te atreves a vivir los planes de Dios, soportas la presión de la preparación, no solo tu vida será cambiada, sino como Ester, afectarás a millones de personas de forma positiva. ¿Qué estás esperando? Levántate y haz tu parte, empieza orando, comienza a leer, levántate. A tu alrededor habrá alguna señal. No esperes tener todo el plan. Dios está esperando que des el primer paso y confíes en Él. Que tu propósito se case con el propósito de Dios. Yo nunca pensé en llegar a donde he llegado. Solo tenía un deseo de alcanzar a los perdidos que yo ni siquiera conocía.

Ellos llamaron la atención de Dios, de alguien que esté dispuesto a todo por una causa, y no hay nada que Dios ame más que las almas, cuando tu propósito de vida está entrelazado en bendecir a los demás. Dios firma como socio mayoritario, y Él queda con las almas y tú te quedas con las bendiciones.

Dios ganó con los judíos quedando libre de la muerte, pero Ester llegó a ser reina y Mardoqueo a mayordomo, recibiendo las bendiciones que un día ellos se atrevieron a creer al costo de colocar sus vidas en juego. ¿Cuál es el propósito de vida que tienes que eres capaz de entregar tu vida por Él?

Piensa qué es lo que hace tu corazón quemarse. ¿Niños con discapacidad, drogadictos, madres solteras, huérfanos, viudas, obra social, área de la medicina, abogacía, enfermería, ingeniería, misiones, matrimonios? En el área donde tu corazón arde, donde tú deseas hacer obra, aunque nadie te vea o te reconozca, esa es el área de tu propósito de vida.

Yo nunca quise ser misionera para ser famosa. Yo solo quería predicar a los perdidos. Mi esposo siempre tuvo pasión por predicar, independientemente de la cantidad de personas.

Y te puedo afirmar con todas las letras que 20 años pasaron y esa sigue siendo nuestra misión. Nuestro corazón sigue ardiendo solo que ahora con más intensidad, y con la misión de incendiar tu corazón, que quizás está como los judíos que ya tenían una sentencia de muerte, pero de la noche a la mañana Dios los sacó de la muerte y de la esclavitud, haciendo de ellos un poderoso ejército con una misión de luchar por los suyos.

9

Desata en ti el poder del propósito

Cuando busqué en la Palabra de Dios para poder hablar a tu corazón, el Señor me dijo que es necesario sanar los corazones, porque cuando las mujeres sanan y entienden el potencial que tienen en su interior, algo poderoso de parte de Dios puede suceder en nuestras vidas. Por eso, es crucial que las mujeres se sanen, ya que, cuando estamos sanas, el infierno no puede prevalecer.

Miremos como ejemplo la historia de Noemí.[14] Es necesario que como mujeres aprendamos a no movernos por una simple propuesta, sino por el propósito de Dios. Propuestas hay muchas, pero propósito solo hay uno, el que Dios ha designado para cada una de nosotras. Noemí vivió una situación dolorosa. Su esposo tomó la decisión de llevar a su familia a otro lugar para evitar que pasaran hambre, pero esa decisión,

---
14. Ver Rut 1 y 2.

aunque bien intencionada, resultó en la pérdida de su esposo y de sus hijos.

Lo primero que quiero compartirte es esto: el hombre es la cabeza y el que dirige, el sacerdote del hogar, tal como lo establece Dios. Nosotras, como mujeres, podemos orar para que tomen buenas decisiones. No podemos intervenir ni tomar decisiones por ellos, pero podemos orar y permitir que el Espíritu Santo obre en sus vidas, guiándolos para que tomen decisiones sabias.

> "Cuando las mujeres sanan y entienden el potencial que tienen en su interior, algo poderoso de parte de Dios puede suceder."

Algunas pueden pensar: "¿Y qué pasa si soy viuda, soltera o divorciada?". Mi respuesta es que sigas orando. Ora para que el Señor te guíe, y recuerda que, cuando tomas decisiones por una necesidad, puedes estar apartándote del propósito de Dios.

Existen historias de personas que se mudaron a otro país porque recibieron una buena propuesta: una oferta de trabajo, una oportunidad de mejorar su vida. Sin embargo, muchos terminaron divorciándose, perdiendo a sus hijos, porque se movieron por una propuesta y no por el propósito de Dios. Lo mismo ocurrió con Noemí y su familia, que se trasladaron por una necesidad, pero sin la dirección divina.

Yo también viví una experiencia similar cuando llegué a Santiago del Estero, una ciudad extremadamente calurosa y con un clima muy diferente al de mi país. No hablábamos el idioma, no conocíamos a nadie, y éramos jóvenes e inexpertos. Con el tiempo, recibimos varias propuestas de personas que nos ofrecían apoyo económico, pero decidimos quedarnos firmes en la tierra del propósito, sin movernos de allí. El Señor nos había llamado a ese lugar, y aunque todo parecía incierto, Él se manifestó de manera poderosa, como lo hizo con Noemí.

Las propuestas eran grandes, nos daban todo, pero en Santiago Del Estero somos nosotros, con mi esposo, quienes ofrendamos y damos aquello que hemos recibido. Cada vez que nos hacían una propuesta, el Señor nos decía "no te mueves de la Tierra del propósito" y hoy te digo, no te muevas de donde tú estés, porque si estás en el lugar de propósito el Señor se va a manifestar y cosas poderosas van a suceder.

El poder de la oración

Lo primero que quiero decirles es: ¡Mujer, levántate! Ora por tu cobertura y pide que sea el Señor quien te guíe y te dé dirección. No te dejes llevar por cualquier propuesta que se te presente. Algunas vienen directamente del infierno para apartarte del propósito de Dios. Recuerda que todo lo que se tiene en la tierra, el Señor lo posee, y debes moverte solo según Su voluntad.

Debemos entender que hay una diferencia entre estar despierta y levantarse. Muchas mujeres estamos simplemente despiertas, observando los errores de los demás, pero es necesario levantarse y hacer algo. Necesitamos orar porque la oración tiene poder. Es momento de tomar la actitud de provocar el cambio, de levantarnos para ver cumplido el propósito de Dios.

> "No te muevas de la tierra del propósito, porque si estás en el lugar correcto, el Señor se va a manifestar y cosas poderosas van a suceder."

Mi madre me enseñó desde pequeña que la oración tiene poder. Te recuerdo, porque este es un gran testimonio, que, durante años, oramos por la salvación de mi papá. A pesar de que se negaba a ir a la iglesia y se dedicaba a disfrutar del fútbol, mi mamá me decía: "Hay que seguir orando, Dios hará la obra." Así lo hicimos, hasta que mi papá se convirtió, de una manera sorprendente, rápida y acelerada. Él ya había leído la Biblia completa antes de hacer la oración de fe. Cuando quisimos enseñarle algo, ya lo conocía. Él recibió al Señor de la manera que no me imaginaba. Lo que quiero enseñarte con esto es que, aunque no veas resultados inmediatos, la oración tiene poder. Dios está obrando, incluso cuando parece que todo está en silencio.

Desde los siete u ocho años, mi madre me enseñó a orar por mi futuro esposo. Oramos por él durante diez años, pidiendo que el Señor lo protegiera. Años después, mi esposo me confesó que, en su juventud, intentó suicidarse varias veces. Fue entonces cuando entendí que mis oraciones lo habían protegido. Él no tenía a nadie más orando por él, pero mis oraciones, junto con las de mi madre, lo guardaron.

Vemos entonces que esta poderosa historia nos presenta a Noemí, cuyo nombre significa "amabilidad". Después de toda esta pérdida, ella se define como una mujer amarga, con un espíritu agobiado. Ella decía: "Ya no puedo llamarme amable". Sin embargo, en medio de aquella amargura, se levanta y decide regresar al lugar de su origen, un lugar del que nunca debió haber salido. Con un acto de humildad, decide volver e invita a sus nueras a que la acompañen. Sus nueras aceptan la invitación. Esto nos habla de personas que atraviesan momentos difíciles, pero aun así nos incentivan a avanzar y a tener esperanza.

Sin embargo, vemos que, en medio del camino, Noemí se detiene y les dice a sus nueras que no tiene nada que ofrecerles. Les sugiere que es mejor separarse y que pueden rehacer sus vidas en otras tierras. Esto nos muestra que hay personas que muchas veces nos animan a seguir adelante, pero de repente enfrentan una depresión o angustia que las hace sentir mal porque están bombardeadas por el infierno. Esa persona ya no se siente capaz de caminar al lado de alguien. Es en ese momento donde viene la propuesta del enemigo, diciéndonos: "Regresa por el camino; tú no tienes parte ni nada para ofrecer". Muchas de nosotras, en medio de procesos difíciles, hemos visto a alguien acercarse a nosotros pidiendo oración y el enemigo nos susurra que no tenemos autoridad. Pero el Señor te dice: "No es tu autoridad, sino la mía dentro de ti". Si algo te ha permitido el Señor es abrir tu boca y bendecir. Mientras tú ministras a otra mujer, Dios estará obrando a tu favor.

Ruth decidió no dejar a Noemí porque entendía que ella estaba en un proceso; Noemí era una mujer amable, aunque se sentía amargada. Solo estaba atravesando un proceso. Ambas entendían el dolor de la otra porque eran viudas; Ruth conocía muy bien ese sufrimiento.

Ruth eligió caminar con Noemí porque podía ver el propósito y no solo el proceso. Ella sabía que podían avanzar y ver la gloria del Señor. Dios quiere unir dos generaciones: la generación de Ruth y la de Noemí, para que cuando una se sienta triste y sin esperanza, la otra pueda levantarla. Tú serás la voz de Dios para recordarle a alguien que este no será el final de su historia.

No juzgues a otra persona por el proceso que está viviendo; más bien recordemos las promesas y lo que esa persona fue en Dios. Orfa decidió regresar e ir a hacer su vida; quizás algunas habríamos hecho lo mismo porque ¿qué iban a hacer tres viudas juntas en Israel? Las viudas eran vistas como desprotegidas o vulnerables. Noemí las cuidó al decirles que se fueran, pero Ruth fue sabia al discernir que Noemí estaba hablando desde su propio proceso y no como una voz de Dios.

Cuando íbamos a misionar, nos decían que no era de Dios ir a Santiago. Cuando llegamos a Santiago del Estero, también nos decían que no debíamos estar allí. Una mujer le dijo a mi esposo que yo no era la esposa adecuada para él, mientras que otra afirmaba que sí lo era. Él decidió reunir a las dos para confrontarlas y ver cuál decía la verdad. La mujer que había dicho que yo no era su esposa adecuada, al final no lo reconoció porque solo quería dar un consejo desde su corazón.

Debemos aprender a tener cuidado cuando hablamos, ya que el corazón es engañoso, pero la voluntad de Dios es perfecta. Es fundamental ser precavidos con nuestras palabras; no podemos ofrecer consejos que no provengan de Dios. No he visto un hombre o una mujer en la Biblia que no haya sido procesado. Cuando intentamos impedir que una persona viva el propósito de Dios, la estás limitando. Por eso, amada, por favor, ten cuidado: si el Espíritu Santo no está hablando por tu boca, entonces no hables. Un mal consejo puede definir la vida de alguien y desviarla de los propósitos del Señor.

Nosotros comenzamos desde cero; no conocíamos personas ni teníamos contactos en Argentina. Pasaron tres meses desde nuestro casamiento y luego otros tres meses aquí antes de que nos dijeran que ya no podían sustentarnos. El pastor nos aseguró: "El Dios que los envió los sostendrá". Mi esposo estaba comenzando a fluir en lo profético y sintió la dirección de vender ropa; esa ropa era mía porque él no tenía mucho. La primera vez que durmió en una cama fue después de casarnos, así que entendí su deseo de vender mi ropa por necesidad.

Mi papá nos envió dinero para comprar una moto pequeña con la cual podríamos hacer nuestra obra; sin embargo, era una moto ruidosa y derramaba aceite por todo el camino. Te cuento esto para mostrarte que cuando comenzamos algo grande, siempre empieza por lo pequeño; eso es lo que Dios puede hacer. Así fue como nos levantamos mutuamente cuando llegamos a Argentina; solo éramos nosotros creyendo en el propósito.

Hoy podemos ver al profeta predicando, viajando y profetizando, pero esos inicios fueron pequeños. Hoy te hago un llamado a interceder para que Dios levante tu vida en oración por otras personas; tal vez sea algún familiar. Cuando esa persona sea levantada, tú también serás levantada porque resplandecer no solo implica brillar por uno mismo, sino también iluminar a nuestra familia al levantar a otros.

Dios nos levanta para ayudar a levantar a otras personas. Cuando me casé con mi esposo, él no creía poder hacer algo significativo, pero Dios me dijo que creyera: "Yo haré de él un gran hombre". Así que tuve que creer tanto por mí como por él y solo alentarlo. Cuando él tomó en serio su propósito, se aceleró el proceso y me di cuenta de que yo debía estar detrás de él apoyándolo.

Pasó el tiempo y comencé a ver que él empezó a predicar sobre ser honrado y yo, a un costado, le decía: "Dios, vale la pena guardarse y cuidarme". Hasta que un día Dios me dijo que mientras lo levantaba a él era respuesta a mi oración porque era fiel a mis oraciones y la promesa me la hizo a mí. Entonces, si él falla, en realidad me falló a mí. "Lo que tu esposo vive es la promesa que tengo sobre ti y sobre tu casa", me dijo. Así que entendí que cuanto más complicada sea su vida, más prueba será de la fidelidad conmigo. Dios hará con tu casa grandes cosas, probando la fidelidad que él tiene contigo; es respuesta a tu oración.

Comenzamos el ministerio con los niños bajo un árbol y, a medida que pasaron los años, Dios fue fiel y nos mostró su fidelidad con el congreso de ensanchamiento. En el primer congreso llegaron 7,000 personas a una ciudad que casi no tenía capacidad hotelera ni de vuelos. Pero el Señor abre aeropuertos, hoteles y demás para que su gloria sea manifestada. Hoy te quiero decir: mira lo que hizo Dios en el mismo lugar donde la gente decía «¡qué vergüenza!». Nos dio mucho más de lo que esperábamos.

Mira, mujer: cuando entiendes cuál es tu propósito como intercesora, como aquella que va detrás definiendo y usando la espada, el Señor va a honrar lo que ha prometido sobre tu vida. La humildad del corazón implica reconocer que no tienes ningún vínculo, pero Ruth entendió el poder de la honra y de la lealtad; es necesario levantarnos unas a otras.

He aprendido a reconocer cuáles son mis fortalezas y debilidades, qué cosas puedo hacer y de qué cosas dependo de otros. Esto es parte del cuerpo humano; es entender la visión que el

Señor vino a predicar en esta tierra para hacernos entender que, si una parte del cuerpo duele, le dolerá a todo el cuerpo. El Señor nos está ayudando a levantarnos, permanecer y resplandecer.

Cuando Dios le dio un mensaje a María, embarazada, por medio del ángel, el Señor le dio la dirección sobre con cuáles personas debía compartir esto que era una bendición. María no compartió con cualquier persona; se fue a hablar con Elizabeth porque ella también estaba pasando por el mismo milagro. La Biblia dice que por seis meses no salió de su casa; no se dio a conocer que estaba embarazada hasta que llegó María. Ambas entendieron que la sabiduría se estaba uniendo con la juventud.

Fue como Noemí y Ruth se unieron. Noemí pensaba que nunca más tendría una nueva familia y pudo ver en Rut la respuesta de Dios. Terminó diciendo que valía mucho más de lo que había perdido. Cuando nació el hijo de Rut, Noemí decía que valía como siete hijos, aunque no era biológico, pero era una respuesta del cielo. Era un vínculo que tenían, más fuerte que el vínculo de sangre: el vínculo de la sangre de Jesús que nos une y nos hace uno solo. Lo mismo sucedió con Elizabeth, quien pudo entender a María; ella sabía lo que pasaba.

Verdades para atesorar

Enfóquense en el propósito, como yo lo aprendí. Resplandecer no es solo despertar; es levantarse y levantar a otras mujeres y decir: "Yo pasé por ahí, estuve en depresión, sufrí un aborto, sufrí una traición". Cuando parecía que estábamos retrocediendo al salir de Brasil hacia Santiago, en realidad el Señor nos estaba proyectando para algo grande. No necesitamos salir de Santiago para que el Señor nos llame a las naciones; Santiago nos traía las invitaciones del mundo. En el congreso, explotaron la capacidad hotelera y los demás negocios, al ver lo que Dios hacía a través de la vida de dos locos jóvenes que decidieron entregar su vida al Señor.

Veo cómo Elizabeth levantó la vida de María. Dios está llamando a esta generación de Elizabeth, quienes cuidarán a las Marías: las jóvenes que vienen detrás de nosotras. Elizabeth portaba al profeta y María portaba al Salvador; no había competencia ni celos entre ellas. Ellas estaban felices porque podían ser madres y cumplir sus propósitos.

Hay una sola María y una sola Elizabeth, así como hay una sola de cada una de nosotras en este lugar, con un propósito especial. Dios nos quiere unir para algo grandioso. No sé si tienes una Elizabeth en tu vida o si tienes una Noemí, pero empieza a orar para que Dios te dé una mujer sabia y experimentada que no mire tu apariencia ni lo que tienes, sino el propósito de Dios en tu vida. Si tú eres joven, no digas que ellas no saben nada porque son mayores. Recuerda que lo mejor es tener amigas mayores porque te sientes enriquecida al escuchar las experiencias de quienes ya han caminado. Dios te puede usar; Dios te puede levantar, pero no es para que tú sola estés parada, sino para resplandecer a otros.

Ruth decidió seguir a Noemí; ambas sufrieron. Noemí tenía algo valioso: su consejo y experiencia de vida, mientras que Ruth poseía un corazón enseñable. Entiendo que Dios está uniendo a dos generaciones: mujeres con experiencia y sabiduría, fundamentadas en el Espíritu Santo, y mujeres como Ruth, dispuestas a escuchar y poner en práctica los consejos. Son mujeres que levantan a otras mujeres.

Las mujeres enfrentamos un serio problema: cuando vemos que otras destacan más, atacamos, hablamos mal y actuamos con envidia. Es difícil llegar a acuerdos entre nosotras, pero esto crea una gran brecha que el enemigo quiere aprovechar para desunirnos. Lo que el cielo respeta es el acuerdo que hacemos en la tierra porque todo lo que se ata aquí se ata allá.

El acuerdo no significa pensar igual, sino estar unidas en un propósito mayor por el cual luchar. Dios nos ha unido en este tiempo para levantar dos generaciones capaces de apoyarse mutuamente y luchar por un propósito sin dejarse llevar por propuestas menores. Durante muchos años en mi iglesia intenté que las mujeres usaran un uniforme, pero fue complicado porque era difícil lograr ese acuerdo. Imaginen lo difícil que fue llegar a un acuerdo sobre algo tan sencillo; ¡cuánto más complicado será acordar cosas mayores! Pero este no es el plan de Dios; su deseo es que haya unidad en los asuntos importantes.

Dios quiere juntar dos generaciones: la de Noemí, con su sabiduría y experiencia, y la de Ruth, con su corazón enseñable. Juntas, pueden levantarse y avanzar hacia el propósito de Dios.

Mujeres sabias que enseñan a otras, mujeres que se levantan y se ayudan mutuamente. Noemí fue una consejera sabia de Ruth; nosotras debemos tener cuidado con los consejos que damos. A veces, nuestras palabras provienen de nuestro corazón y no de la dirección de Dios. Noemí y Ruth nos enseñan a ser cuidadosas con lo que hablamos, porque un mal consejo puede desviar a alguien del propósito de Dios. Si el Espíritu Santo no está hablando por ti, mejor no hables.

Hoy, Dios nos está llamando a levantar a otras mujeres, a ayudar a sanar su identidad y a resplandecer juntas, en Su propósito. No importa lo que hayas perdido; si confías en Dios, Él te levantará y te usará para bendecir a otros. Recuerda que, aunque el enemigo trate de hacer acuerdos para destruirnos, debemos permanecer firmes. No hagas acuerdos con el infierno. Dios te ha llamado a dar vida, a ser luz.

Dios tiene grandes cosas para ti. Si puedes creerlo, Él lo hará. Tu propósito es mayor que cualquier propuesta que el mundo te ofrezca. Levántate, y que tu vida sea una bendición para muchos.

> "Dios nos está llamando a levantar a otras mujeres, a ayudar a sanar su identidad y a resplandecer juntas, en Su propósito."

10

La gracia antecede al poder

¿Por qué no vivimos bajo la gracia y el poder del Señor? Comencemos por entender qué es la gracia. No hay forma de que uno reciba poder si no entiende la gracia. La gracia es un regalo inmerecido; es la misericordia, el amor incondicional que Dios nos ofrece. Es saber que no somos perfectos y que cuando pecamos y nos arrepentimos, hay perdón de parte de Dios y debemos auto perdonarnos.

Estamos en una generación donde toda la gente quiere poder, y esto no está mal. El Señor nos ha prometido poder, y el poder no solo viene para que nos sintamos poderosos, sino también para que manifestemos las grandezas de Dios, para predicar el evangelio. Los dones y el fluir de los dones son aquello que se utilizará para traer a la gente al camino del Señor. Entonces, la manifestación del poder de Dios y de los dones es muy crucial. Pero esto no puede suceder si no entendemos el poder de la gracia.

La gracia tiene un poder; necesitamos entenderlo para no malinterpretar el poder de Dios. Un gran problema que estamos teniendo es que muchos han recibido una gran carga de poder del Señor, pero están usando los dones para auto engrandecerse y no para propagar el Evangelio del Señor. Están usando esto para creerse poderosos porque no entienden el poder de la gracia. El Señor nos ha entregado a su Hijo para que nosotros no vivamos en la ley, sino en la gracia.

> "No hay forma de que uno reciba poder si no entiende la gracia."

La gracia es el favor inmerecido, pero el gran problema es que tenemos mucha mentalidad de esclavitud; queremos comprar el poder de Dios. No queremos vivir la gracia; queremos demostrar que con nuestra fuerza o sacrificio lo podemos lograr, pero eso no es así. El poder no viene por nuestros méritos ni por orar 40 días; el poder viene cuando entendemos el significado profundo de la gracia: el poder que tuvo Jesucristo en la cruz del Calvario.

Muchos dicen: "Yo quiero profetizar, quiero orar para que sean sanos, quiero predicar con mucha unción, con mucho poder", pero no entienden lo que es la gracia del Señor. No comprenden que no es algo que les pertenece para enriquecerse. La gente cree que tiene poder para ser invitada a grandes congresos y estar al lado de grandes hombres y referencias. No quieren poder en este tiempo para que el evangelio sea predicado, sino para estar sentados con quienes tendrán contacto. Este no es el tipo de poder que el Señor quiere para nosotros. Vivamos; el Señor desea que la gracia sea grande y que su nombre sea proclamado.

Estamos viviendo tiempos en los que deseamos mucho poder, pero entendemos poco sobre la gracia del Señor. Él fue muy claro al decir: primero la gracia y luego se recibe poder. Es un tiempo en el que queremos mucho poder, pero poco entendemos de la gracia del Señor.

Cuando Dios iba a enviar el Espíritu Santo, primero hizo que sus discípulos entendieran el poder de la gracia. Pedro creía, antes de la muerte de Cristo, que era con su propia fuerza y lo que tenía; pensaba que era con su poder humano. El Señor tuvo que hacerle entender que era por gracia. Nuestra muerte esclava nos lleva así, y veo a gente frustrada diciendo: "Pastora, llevo tres meses orando y no recibo nada; llevo 40 días en oración y ayuno y no recibo el bautismo del Espíritu Santo". Hay que entender que no es por el precio que pagas, sino por gracia.

Hay personas que se arrepienten un día, pasan adelante, reciben a Cristo y son bautizadas con el Espíritu Santo sin haber pagado ningún precio. No estoy diciendo que no debas ayunar u orar; estoy diciendo que debes hacerlo entendiendo el poder de la gracia, sin creer que podrás comprar el poder.

El pasaje bíblico dice que los apóstoles hacían milagros y alguien quería comprar ese poder. Esto no es nuevo; la gente siempre ha querido comprar el poder de Dios de diferentes maneras. Algunos profetizan en parte para auto engrandecerse, para que los demás crean que son demasiado poderosos. Hay quienes dicen que solo ellos escuchan la voz del Señor, que solo ellos son cercanos a Él y pueden hacer tales cosas. Sin embargo, el Señor dijo que cuando nos metemos en Él, el poder de Dios está disponible para todos. Joel[15] dijo que en los últimos tiempos el poder se manifestaría a los jóvenes, a los ancianos y a los niños; a todos, porque es por la gracia del Señor. No es mérito humano; es gracia del Señor. ¿Crees que un hombre como mi esposo, nieto de dos mendigos que cuando los conocí caminaban descalzos, no sabía hablar y no sabía comer, podría ser usado por sus méritos? No, Dios lo usa por su gracia e infinita misericordia.

Cuando yo, aun estando en la iglesia, no entendía lo que Dios podía hacer, tenía mis pecados, mis orgullos y mi timidez; creía que no podía hacer algo. Sin embargo, la gracia y la misericordia me alcanzaron. De esa manera, Dios también quiere alcanzarte a ti. No se trata de méritos humanos; rompe con ese principio de las tinieblas que te hace pensar que debes hacer algo extraordinario para que Dios te use. Lo único que necesitas hacer en este tiempo es reconocer la gracia de Dios, y eso es suficiente para que Su poder venga sobre tu vida.

---
15. Ver Hechos 2:16-17.

Los que somos padres deberíamos entender la gracia porque damos comida a nuestros hijos, les proporcionamos ropa, comodidades, educación y amor. Nuestros hijos nunca nos preguntan: "¿Cuánto te debo, papá? ¿Cuánto te debo, mamá?". Ellos no están preocupados por cuánto tienen que pagar por el amor, la comida, la educación o la casa que les damos. Duermen tranquilos porque saben que papá y mamá estarán allí para ellos; entienden que es gratis. Los padres pagamos el precio para que nuestros hijos vivan bien.

Tú tienes que entender que tu Padre celestial hace lo mismo por ti. No necesitas decir: "¿Cuánto te debo, Señor? ¿Qué sacrificio debo hacer para que Tú me sigas bendiciendo?". Debes comprender que Dios es tu Padre y que la Biblia dice que Él es mejor que la mejor madre de este mundo y mejor que cualquier padre en esta tierra. No tienes por qué sentirte deudor; debes sentirte agradecido.

> "Rompe con ese principio de las tinieblas que te hace pensar que debes hacer algo extraordinario para que Dios te use."

No hay nada que conmueva más el corazón de los padres que tener hijos agradecidos y obedientes. Decimos: "No nos debemos nada, pero pórtate bien". No hay dinero en este mundo que pague la obediencia o el agradecimiento de nuestros hijos.

Nos conmueve el corazón cuando ellos expresan su gratitud; una simple carta de agradecimiento puede sacar lágrimas de nuestros ojos.

De la misma forma actúa Dios contigo cuando vas ante Él y le dices: "Yo sé que nada tengo y con mi fuerza nada puedo hacer, pero te agradezco todo lo que haces por mí". Imagina lo ofendido que estarías si tus hijos vinieran a ti con una cuenta detallada de lo que les has dado y quisieran pagarte por ello. Yo me ofendería porque no lo hago para recibir un pago; lo hago por amor.

Así mismo actúa Dios: te da todo por amor. Y no hay nada que alegre más su corazón que ver a sus hijos agradecidos. Me alegra mucho escuchar cuando me dicen qué bien portados son tus hijos. Es mejor que cualquier regalo, y no porque me quieren halagar, sino porque están viendo su conducta. Cuando lo dicen, están sugiriendo que hago un buen trabajo como madre. ¡Qué alegría sería que la gente viniera a decir: "Agradezco por la vida de María Ana, de Juan, ¡de José! ¡Qué bien se comportan delante de Ti!". Eso es lo que alegra el corazón del Padre.

Hace unos días, mis hijos fueron a terapia. Ellos se mueven en ambientes diferentes, en países distintos, y sé todo lo que puede pasar. Ellos hacen terapia y ella me decía: "Glau, conoce a tus tres hijos. Cuando llegué a casa, le dije a mi marido: "Mira, conoce a los hijos de Glau, y tengo ganas de mandar a mi hija una semana para ver si se porta mejor." Esto alegró mi corazón porque yo no estaba en la sala con mis hijos cuando estaban hablando. No les estaba diciendo lo que tenían que decir; no los estaba amenazando con pellizcarlos, ellos estaban solos con la terapeuta. Pero el trabajo que hago con ellos es el trabajo que se refleja cuando no están bajo mis ojos. Es lo mismo que Dios quiere que hagamos: que la gente conozca de Él por lo bien que nos portamos y por la gracia que manifestamos. Eso hace engrandecer el nombre del Señor.

"No necesitas decir: ¿Cuánto te debo, Señor? Debes comprender que Dios es tu Padre."

El Padre anhela que sus hijos se comporten bien en la tierra y que la gente venga a preguntar: "¿Por qué eres diferente?". Y tú digas: "Soy hija de Dios", "Soy hijo de Dios", no solo por nombre, sino por nuestras actitudes. A veces, aunque tengamos que corregir a nuestros hijos, nunca dejamos de darles comida. Podemos quitarles alguna cosa o hacer algunas cosas para que entiendan las consecuencias, pero nunca les quitamos lo esencial en la vida. Los padres que aman de verdad no les quitan la comida solo porque se portaron mal. El diablo miente al decir que te portaste mal y cortó todo, pero Dios quiere que te arrepientas y Él podrá restaurarte, porque la gracia de Dios viene sobre tu vida. Si tú eres padre o eres hijo, mira el contexto y así entenderás la gracia y la misericordia de Dios en tu vida.

Verdades para atesorar

Somos las apoderadas del Reino. "Apoderada" significa que tienes poderes de otro para representarlo y proceder en su nombre; poderosa o de mucho poder. Eso somos.

A la apoderada, Dios le dijo que señoreara, se fructificara y multiplicara junto con el hombre. La creó como "ezer kenegdo" que, en griego, según varios estudiosos, significa "ayuda salvavidas" o la ayuda representante de Dios para devolver al hombre al camino correcto cuando él se desviara. Ella representa a su esposo y al ministerio dondequiera que esté. No se tiene que empoderar ni la tienen que empoderar. No tienen que hacerla poderosa; ya tiene el poder conferido por Dios.

La mujer no necesita poderes externos, ya los tiene todos adentro. Me acuerdo de que la primera vez que fuimos a Argentina, no sabíamos que deberíamos dejar un apoderado, y tuvimos muchos problemas que no pudieron ser solucionados por ese detalle. En Estados Unidos, por ejemplo, cuando un soldado va a la guerra, tiene que dejar un apoderado para que tome decisiones por él; un apoderado puede vender la casa, solucionar problemas en bancos y muchas otras cosas.

El Señor dijo: "*Y recibiréis poder*".[16] La mujer y el hombre reciben realmente el poder cuando el Espíritu Santo viene sobre ellos. Cada uno tiene un propósito, uno solo puede dar de lo que tiene. Cuando quieres ser empoderado por otra persona quieres recibir de lo que esa persona tiene, pero no siempre

---
16. Ver Hechos 1:8.

lo que ella tiene hace parte de tu propósito. Cuando no sabes el poder que tienes, terminas viviendo propósitos ajenos. Terminas siendo un eco y no una voz. Siempre estás dependiendo de alguien y no de Dios.

Como esposas es muy fácil caer en la trampa de que somos segundas en el plan de Dios, cuando en realidad somos las primeras en el rol que Dios diseñó para nosotras. El hombre es primero en el diseño de Dios. La inconformidad es el gran problema, que surgió primero en el enemigo cuando logó transmitirla a Eva. La base es un trabajo interno: tomar tiempo para mirar en lo que eres buena y en lo que no lo eres. A veces ese tiempo parece una pérdida, resulta doloroso ver por qué eres como eres. Lo que piensas que es lo mejor de inmediato es abandonar esa mirada interna y solo aparentar que todo funciona. Pero no existe nada que funcione sin procesos. Mientras más rápido decidas de verdad ser una mejor persona por ti misma, más estarás acercándote a la plenitud de gozo.

Busca ayuda profesional de una terapeuta, un psicólogo que de preferencia profese la misma fe, porque te va a entender. Esa es una de las prioridades de tu vida: descubrir tus fuerzas y debilidades, y que existen cosas que pueden ser cambiadas, no importa el tiempo. Si no sanas tu alma, es muy probable que eso se transforme en una enfermedad muy grave en tu cuerpo. No busques afuera porque aparente ser más fácil. Busca adentro, donde está tu verdadera esencia.

Cuando sabes quién eres ya no te sentirás menos. Ester entendió su propósito y se llenó de coraje para cumplirlo. Cuando te conoces, el temor se va. La reina Ester tuvo mucho miedo hasta que alguien le dio la clave. Ella se miró adentro, y entendió, "para este tiempo nací". Ella no usó de arrogancia, ni de su poder. Ella simplemente fue sabia y estratégica, unos de los grandes poderes que las mujeres traen incorporados. Solo hay que saber usarlos de manera correcta.

Pasaron ya 20 años desde que entregué mi vida al servicio del Señor. No tuve mentoras, solo tuve intercesoras, que creo que fue fundamental para que yo pudiera sobrevivir. Aprendí mucho con el dolor, en la práctica. Soy consciente de que, por miedo, vergüenza, tardé mucho en buscar ayuda, pasé años en silencio, pero en el 2019, fui impulsada por una amiga mayor. Me dijo: "No te calles, sé libre, Dios te quiere ver feliz".

Por casualidades de la vida llegó a mis manos el libro "En el ojo de la tormenta".[17] Yo siempre llevaba el libro para leer en los viajes, aunque a veces no lograba leer, pero los llevaba. Saliendo de mi casa agarré ese libro sin ver bien de qué trataba, y en un vuelo de muchas horas me dio una crisis de llanto inexplicable, así que empecé a leer ese libro, que justamente habla la historia de una pastora que de repente se vio en un dolor muy profundo.

Me identifiqué y empecé a ver que no era la única. Tomé la decisión de pedir ayuda a unas amigas pastoras, quienes me entendieron porque habían pasado por el mismo, luego a algunos profesionales, y fue lo mejor que pasó en mi vida. Entendí mucho sobre mí misma, aprendí a amarme, aprendí que había

---

17. María José Hooft, mayo 2020.

cosas que yo podría cambiar, y otras simplemente aceptar. Ese cambio mío trajo cambios a mi matrimonio, a mis hijos, a los pastores que están bajo mi cobertura, y produjo cambios poderosos en la iglesia.

Cuando una mujer se siente mal, de alguna manera influye en el ambiente y todo queda más triste, sin sentido. Por eso la Biblia dice que la mujer es la vid en la mesa.[18] Hoy ya no me siento presionada. Logré delegar, cosa que yo pensé que nunca sería capaz, logré aceptar mejor a las personas y a no cargarme con lo ajeno.

Por eso tuve el deseo de compartir mis experiencias contigo, mujer, esposa, madre, pastora, empresaria, hija y con los varones que también van a leer ese libro, para que puedas evitar pasar por caminos tan dolorosos como yo pasé, por no tener a alguien que me pudiera guiar como yo necesitaba. Para que no te cargues como yo me cargué por años, mi único deseo es que disfrutes de esta corta vida que tenemos en la tierra, pasándola bien y cumpliendo el más poderoso propósito de Dios.

---

18. Ver Salmos 128:3.

11

Orgullo: el peor enemigo de la gracia

Tú me puedes decir, "Pastora, ¿cuál es el mayor enemigo de la gracia?". Dios me ha estado hablando acerca de esto: el mayor enemigo de la gracia se llama orgullo. El orgullo es el principal obstáculo para disfrutar de la gracia de Dios. En el libro de Proverbios, capítulo 15, versículo 10, dice: *"La reconvención es molesta al que deja el camino; y el que aborrece la corrección morirá."* Es decir, al orgulloso no le gusta ser corregido ni enseñado; por lo tanto, tampoco puede disfrutar de la gracia del Señor.

En el libro de Amós, capítulo 5, versículo 10, también se menciona que *"Ellos aborrecieron al reprensor en la puerta de la ciudad, y al que hablaba lo recto abominaron."* Después de esto viene una consecuencia: nosotros no vivimos la gracia que ha sido declarada y regalada sobre nuestra vida. Este es el problema del orgullo, que muchas veces se presenta disfrazado como solución o como un mejor amigo en nuestros momentos de dolor; aparece como un protector. Este sentimiento es difícil de diagnosticar; a menudo no podemos reconocer nuestro propio orgullo. Se manifiesta como una ceguera que nos impide mirar hacia adentro y se instala en nuestro carácter cuando nos sentimos abandonados, traicionados o criticados.

Cuando estamos humillados o rechazados, esa es una gran puerta por donde el orgullo entra en nuestro carácter. Así llega como un amante a la lucha: siempre te dice que estás bien, que todo lo que haces es hermoso y perfecto. ¿Y qué hace el orgullo? Se interpone entre tú y tu cónyuge porque sabe que tu cónyuge es la persona que más te conoce. Si no estás casado, entonces sabes que tus padres son quienes mejor te conocen. En el ámbito espiritual, los pastores y líderes son las personas que más te conocen.

¿Qué hace el orgullo? Quiere alejarte y hacerte creer que tu cónyuge, tus padres o tus pastores son tus mayores enemigos. Sin embargo, estas personas son enviadas por Dios a tu vida para traer luz en las tinieblas. Por otro lado, el orgullo trae oscuridad y tinieblas. Dios utiliza al cónyuge para señalar lo que no está bien; usa a los padres para indicar que ese no es el camino correcto. Pero el orgulloso no quiere escuchar la corrección.

Una característica de una persona orgullosa es que nunca acepta una corrección; siempre argumenta: "Tú no conoces mis dolores ni las cargas que llevo dentro. ¿Cómo me vas a decir eso si yo fui victimizado o abandonado?". El orgullo te hace proteger tu dolor sin sanarlo realmente. Esto provoca un alejamiento de las personas que Dios ha puesto en tu vida para traer luz y sanidad. Así, un esposo ve a su esposa como una enemiga y los hijos ven a sus padres como adversarios.

Mi mamá siempre me expresaba un mensaje: que estaba con mi padre porque nos tenía que cuidar a nosotros, y que era nuestra culpa que se quedara con él. Este mensaje que recibí de mi mamá me hizo sentir que éramos los culpables de que estuviera con mi padre. Como resultado, de pequeña hice un juramento: "Ningún hombre jamás va a mandar en mí, nunca seré dependiente de un hombre, y no dependeré de él para comer o vivir". He alimentado este sentimiento durante mucho tiempo en mi vida, debido a una herida en mi corazón. El orgullo vino como forma de protección, como un fiel amigo que me recordaba que no dependía de nadie, que era autosuficiente.

Cuando estaba a punto de casarme, dije que haría todo menos ser sumisa. Hicimos un contrato en el que sería la mejor esposa, pero no ser sumisa. Si pudiera, quitaría la parte de la violencia, porque había visto con mis ojos una sujeción que no era correcta. Entonces, confundí lo que decía la Biblia y llegué a pensar que Dios era muy machista, porque lo que veía con mis ojos era eso.

Pero cuando me casé, vi a mi esposo como una persona que necesitaba cuidado, alguien que había sido abandonado por su madre y su padre. ¿Qué hice? Hice la transferencia hacia mi esposo, de lo que tenía de dolor contra mi papá. Hice que mi esposo pagara las deudas de mi padre conmigo y automáticamente, en mi orgullo. No quería que alguien me diera órdenes.

¿Qué hacía? Preparaba todo y él solo daba la bendición. Pero en medio del itinerario, Ronny me decía: "Tú vas a hacer esto primero y yo después". Yo pensaba: "¿Cómo me está manejando la vida? ¿Qué me está diciendo que haga?". Si nosotros teníamos que regresar en medio de lo que yo programé, algo se salía de mi control. Yo me cambiaba, me enojaba y decía: "Yo no sé vivir así, porque tengo que planear". Era el orgullo que estaba en mi vida. Cuando algo salía del control de lo que yo tenía planeado, me sentía incómoda.

Hasta que la luz de la Palabra y el Espíritu Santo trajeron esto a mí para que me arrepintiera. Muchas veces vivimos un orgullo camuflado, lo convertimos en cristiano, lo disfrazamos de servicio de amor, pero en realidad es orgullo porque no reconocemos las heridas que hay dentro de nuestro corazón.

¿Cuántos juramentos has hecho en tu vida de forma inconsciente, diciendo: "Nunca más alguien me va a hacer pasar la vergüenza"? ¿Qué pasó entonces? Tú anhelas tener el poder, ser dueño de una compañía, anhelas vivir en un buen barrio. ¿Es para que manifiestes la gloria de Dios o para que tu familia viva mejor? No, el motivo principal es: "Si yo soy jefe, nadie me va a mandar. Si yo soy jefe o líder en la iglesia, nadie me va a decir nada".

La gente anhela tener un liderazgo, y no es porque quiere servir al Señor, sino porque tiene un problema grande con el orgullo y no sabe sentarse para escuchar. La gente se va de la iglesia y el problema no es porque no hay presencia, sino porque es orgullosa y no acepta una corrección. Por eso, anda de iglesia en iglesia. Primero se hace una abeja mansa, pero si alguien viene y le dice: "Esto no es correcto", rápidamente se va a otra iglesia. Porque no quiere hacer frente a la realidad; no quiere reconocer su dolor.

Una de las formas que el poder de Dios viene sobre nuestra vida es cuando nosotros reconocemos que sin Él nada somos y que necesitamos de Él. Lo que hace hundir los grandes problemas de los matrimonios, es el orgullo. El gran problema de tu vida financiera es el orgullo. El gran problema de la iglesia es el orgullo. El gran problema de la relación familiar es el orgullo.

El orgullo es el primer pecado que porta el diablo. El orgullo es el mismo diablo, porque el orgulloso que no quiere estar bajo la sujeción de Dios quiere subir más arriba. En la Biblia, la mayoría de las mujeres y hombres fueron probados en el orgullo.

Saúl, el hombre, para dar su primera ofrenda, tuvo que pedir prestado, tuvo una actitud humilde. Pero cuando Saúl tuvo poder, se volvió orgulloso, y se presentó para ir a pelear en contra de Goliat. El orgullo de Saúl se manifestó cuando vistió a David con sus ropas, y puso sobre su cabeza un casco de bronce, y le armó de coraza,[19] porque él quería que la gente creyera que fue Saúl el que ganó. David rechazó la armadura diciendo: *"Yo no puedo andar con esto... Y tomó su cayado en*

---

19. Ver 1 Samuel 17:38-40.

su mano, y escogió cinco piedras lisas del arroyo… David pensaba: "aquí nadie va a llevar la gloria. La gloria será del Señor.

David ganó la batalla y la gente empezó a decir la verdad: que David lo estaba haciendo mejor que Saúl, y que sería la realidad. Saúl se estaba escondiendo, y David peleó y destruyeron todo el ejército. La gente estaba diciendo la verdad, pero Saúl se puso furioso y el orgullo se manifestó. Más adelante, el orgullo fue creciendo. Entonces, Samuel se retrasó porque el orgullo también está disfrazado de esto: de querer saber las cosas antes de tiempo. Samuel se retrasó y Saúl se apresuró. La impaciencia es una parte del orgullo, porque no puedes esperar que la persona termine de hablar y tú ya estás dando una respuesta; tú no sabes qué va a decir, pero ya tienes una respuesta.

También sucede que un hijo en la fe te dice, "pastor o pastora, tengo un consejo y tengo una idea", pero tú no recibes. Cuántas veces me pasó a mí que decía que una idea era buena, pero no había salido de mí. Yo no había tenido esa idea, entonces, no la llevaba a cabo. Más adelante, cambiaba. Lo hacía como si fuese mía, porque era un problema de dolor dentro de mí. Eran cosas que no estaban sanadas en mí.

Saúl no sabía esperar y, si se estaba retrasando demasiado Samuel, él quería hacer sacrificio. El orgullo no puede esperar el tiempo de Dios. "Es decir, lo voy a hacer a mi manera. Dios me dijo, Dios me prometió. Entonces, lo voy a hacer a mi manera." Eso está diciendo que hay un problema, que hay un orgullo en tu corazón. Samuel le dice: "Dios te rechazó". Y Saúl dice: "No me importa que me rechacen, pero hónrame delante la gente". O sea, estaba tan cegado que no importaba lo que Dios hablara acerca de él.

Saúl termina su vida muriendo con su luz, porque cuando él ve que otros van a matar, él le dice a su escudero: "*Saca tu espada, y traspásame con ella, para que no vengan estos incircuncisos y me traspasen, y me escarnezcan*".[20] Hasta la última hora de la muerte estaba pensando cómo iba a morir para no quedar mal. El problema no era ir al infierno, sino saber cómo iba a morir para quedar bien delante de la gente. El orgullo de Saúl fue creciendo tanto, que hasta el último momento de la muerte pensaba cómo iba a morir. David, un hombre según el corazón de Dios, un día el orgullo subió a su corazón y no le importó matar a gente inocente con tal que él tuviera la mujer que él quería.

No importa cuántos años de creyente tengas, cómo sea tu vida, siempre el orgullo vendrá a visitarte. Verás cómo te llega la tentación y cómo respondes a esa llamada del diablo. Te dirá: "Mira tu dolor, siempre te hacen esto, te hacen sentir menos, nunca te dan valor", y buscas autoprotegerte e inflarte, terminando por aislarte tanto que no puedes ver la gracia de Dios. La mayoría de los grandes hombres cedieron al orgullo, pero creo que es tiempo de que Dios esté sanando corazones, porque hay un orgullo disfrazado que Él está sacando a la luz hoy. No es para avergonzarte, sino para que Su gracia y poder se manifiesten, porque hay una unción de sanidad. Pídele al Señor que te revele cuál fue el juramento que hiciste y que está

---

20. Ver 1 Samuel 31:4.

trayendo maldición a tu casa y a tu vida. Pregúntale si te sometiste, y que Él lo desate para que puedas vivir libre.

¿Cuál fue ese juramento? Tal vez dijiste: "Nunca seré pobre". Eso está bien en cuanto a la mentalidad, pero el dinero no puede ser tu dios, ni el estudio ni el trabajo deben estar primero, porque la prosperidad viene de parte del Señor. La prosperidad viene de Él. ¿Cuáles fueron las promesas que hiciste cuando eras pequeño? ¿Qué te está impidiendo vivir un matrimonio feliz? La historia de tus padres no es tu historia. No repitas ni traigas las historias del matrimonio de tus padres a tu matrimonio. No vivas cautivo en la misma historia.

Levántate y decide vivir una vida diferente, porque la gracia y la misericordia de Dios están sobre ti, y Su poder se ha manifestado. No tienes por qué vivir las consecuencias de la historia de tus padres. Después de mucho tiempo lo entendí: mi papá no tuvo madre. Mi mamá tuvo otra historia, su propio camino. Mi mamá también vivió su propia historia y me transmitió lo que vivió, pero yo no soy ellos. Yo soy Glaucia, Dios me redimió. Mis padres no conocieron a Cristo cuando eran jóvenes, pero yo sí tuve esa oportunidad. No tuve la misma historia. Tú no eres la historia de tus padres. Tú no eres el espíritu de tus abuelos. No tienes que vivir acariciando ese dolor, porque ese dolor se convierte en un vicio. Aunque no lo busques, siempre aparecerá algo que querrá traer esos recuerdos.

Te invito a que, por encima de ese dolor, digas: "Este dolor no me pertenece. Lo que el abusador hizo no fue mi culpa. Yo no seduje a nadie, yo no hice esto. Esto no es mi culpa. Los que se fueron, los que me traicionaron, no es mi culpa". No es tu culpa, mujer, no es tu culpa. No sigas creyendo la mentira que el diablo quiere que cargues. Sé libre, hombre; sé libre, mujer.

Cuando empiezas a sentirte culpable, el orgullo se manifiesta justificando todo con frases como: "Sí, pero tú sabes, ellos lo hicieron, yo me fui, pero era por esto o por aquello". Empiezas a justificarte y a sentir compasión, pero no una compasión genuina, sino una compasión basada en el dolor. Dios te está diciendo: empieza un nuevo tiempo, una nueva temporada. Dios ha permitido que el profeta hable a diferentes iglesias. No es casualidad que haya una convocatoria en tu ciudad. Dios está queriendo provocar un avivamiento, pero para eso, es necesario que haya sanidad.

Debes romper con esa idea de que tienes que hacer algo para que Dios te ame o para que te perdone. El perdón está disponible, solo tienes que reconocer, arrepentirte, y con eso es suficiente. Un día me senté con mis hijos y les dije: "Hijos, me arrepiento de haberles puesto la carga de ser hijos de pastores, de que debían ser siempre el ejemplo". Entendí que esa era una carga demasiado pesada para ellos y me arrepentí. Entendí el poder de la gracia y reconozco mis errores.

El gran problema que destruye las relaciones de padres e hijos es que los padres se equivocan, pero el orgullo es tan grande que no tienen el valor de decir: "Me equivoqué, soy humano, te pido perdón". Un simple pedido de perdón puede restaurar la unidad en tu casa. Deja el orgullo a un lado. El amor es el mayor de los sentimientos, y el amor trae perdón. No te haces menos por pedir perdón, te haces más grande. Si te equivocaste, pide perdón. Si esa persona está esperando, haz el primer paso.

Expresa gratitud

Hace unos días, me di cuenta de lo mucho que me creía superior. Nunca me faltó nada en casa, siempre tuve lo necesario, y de alguna manera pensaba que eso me daba una posición privilegiada en la vida. Unos días después, me senté a escribirle a mi esposo. Le dije: "Te quiero agradecer porque, aunque fuiste abandonado, tú no abandonaste a tu familia. Te quiero agradecer porque nunca has dejado que nos falte comida en la casa. Te quiero agradecer porque eres el sacerdote de nuestro hogar, aunque no tuviste un ejemplo que seguir".

Mientras escribía, las lágrimas salían de mis ojos. ¡Cuántas cosas tenía por agradecer! Él no tuvo ninguna enseñanza ni referencia, pero ha dado lo mejor de sí para darnos lo mejor a mí y a mis hijos. Le agradecí a cada uno de ellos: a Lucas, por sus abrazos y por decirme que me ama; a Gabriel, por ser obediente y temeroso del Señor. Mientras lo hacía, me di cuenta de que este acto de agradecimiento me sanaba. Nos pone en una nueva perspectiva, porque tenemos la tendencia de ver solo los defectos del otro. Como no nos queremos sanar, siempre culpamos al otro, diciendo: "Tú siempre haces lo incorrecto, tú siempre fallas".

Escribir cartas de agradecimiento, en lugar de criticar, puede ser una herramienta poderosa. Escribe a tus padres, a tu madre, a tu cónyuge, a tus hijos, diles: "A pesar de tu historia, me das lo mejor. Agradezco que te has mantenido, que te has quedado a mi lado". Mientras haces esto, el orgullo se va disipando. En lugar de estar roto, sentirás la gloria de Dios.

La palabra "gracias" trae sanidad. Tal vez estés pensando que la reconstrucción de tu matrimonio es imposible, que no hay unidad en tu familia. A veces, todo lo que necesitas para empezar esa reconstrucción es solo una palabra: "gracias". Porque de gracia recibiste, y de gracia tienes que dar. Recibes amor gratis, pero cuando das, a veces quieres que te paguen por ello. Y, aunque Dios te mostró amor, no siempre estás dispuesto a mostrarlo a los demás.

La falsa santidad está destruyendo matrimonios, familias y ministerios. El orgullo te hace prosperar en la apariencia, pero no te permite sentarte a ver en qué te has equivocado. No eres capaz de pedir ayuda, y te vas hundiendo más y más. A veces, una conversación de media hora o una hora puede abrir todo un panorama y traer total sanidad. Te das cuenta de que has estado sufriendo durante años por algo tan simple como pedir perdón. Este acto de humildad te libera de una carga. Prueba hacerlo, no importa si el otro lo recibe o no. Hazlo por ti mismo.

Hace unos días, Dios me puso en el corazón hablar con una mujer y me dijo: "Vas a ofrecerle tu amistad". No importaba si ella lo aceptaba o no. Yo debía hacer mi parte. Fui, le ofrecí mi amistad, y aunque ella me rechazó en un principio, me abrazó, lloró y me dijo todo lo que necesitaba escuchar. No es sobre lo que el otro haga, sino sobre cumplir con lo que Dios te pide y podrás decir: "Yo ya hice mi parte".

Recuerdo que hace unos años, Dios me pidió hacer lo mismo con otra persona. Cuando le ofrecí mi amistad, ella me dijo: "¿Sabes cuántos años he orado por esto? He orado mucho por una amistad". El Señor me mostró que no basta con orar, sino que también debemos actuar. Hay personas que dicen que se van de la iglesia porque creen que nadie las ve o las abraza. Me preguntan: "¿Por qué el pastor no me dio un abrazo? Siento que no soy parte de la iglesia". Me quedé perpleja. Si quieres un abrazo, ven y pídelo. ¿Por qué orar a Dios para que Él me lo diga? Hay decisiones que debemos tomar, acciones que debemos hacer. No solo te quedes en la oración.

No te pongas caprichoso ni pongas excusas como: "Ay, la pastora no me ora, no me pone la mano en la cabeza, no me da un abrazo". Eso es orgullo. Si quieres algo, tienes que ir y pedirlo, no esperar a que el otro lo haga. Aprovecha para abrazar a quien esté cerca y decirle que lo amas. No cuesta nada decir "te amo". Puedes decir: "Es que cuando era niño, nadie me daba cariño ni me decía que me amaban", pero tú puedes hacer la diferencia. Si sabes que algo hoy te trae dolor, no reproduzcas lo mismo. Si quieres un abrazo, pide o da uno. No es tiempo de perder el tiempo.

A veces me dicen: "Pastora, mi esposo se duerme y no me da besos. Cuando se va a trabajar, no me saluda". Amada, hazlo tú. Dale un beso a él cuando se vaya. Corre hacia él como una loca y dile: "Ciao, mi amor, te amo, que Dios te bendiga". Al día siguiente, no querrá pasar vergüenza y te saludará primero. Es como los niños, que cuando son pequeños, quieren abrazos y besos de su madre, pero luego se olvidan. No perdemos el tiempo demostrando amor. Si eres de las personas que necesita contacto físico, escribe, demuestra, deja el orgullo de lado. El orgullo está destruyendo tu casa, tu familia, y puedes decir: "Mi papá traicionó a mi mamá, aunque ella era servicial". Pero, amada, son historias diferentes. Dios quiere sanar nuestras vidas.

Nuestro orgullo nos aleja del propósito de Dios, pero la humildad nos coloca nuevamente en Su presencia. Dios puede transformar la piedra. El diablo sabe que Cristo tiene poder y que, en algún momento, ese poder se va a manifestar. Entonces, el diablo tocó el orgullo. Lo mismo hizo cuando dijo: "Jesús es el segundo Adán, y lo voy a hacer caer en la trampa del orgullo". Vienen desafíos del infierno para que demuestres algo que no tienes que demostrar a nadie. No caigas en esta trampa del diablo, porque él quiere que seas orgulloso, y el orgullo te aleja de la gracia de Dios. Piensa por un momento en lo que el orgullo te hizo: ¿te sacó del propósito de Dios?

Jesús es nuestro mayor ejemplo. La humildad de Cristo nos permitió reconciliarnos con Él. Piensa en lo que has alimentado por años: ¿es el orgullo santo que ha tomado control de tu carácter? Tal vez esté camuflado en tu vida.

Pidamos al Espíritu Santo que traiga luz, claridad y memoria para ver cuál es el orgullo que destruye tu matrimonio. ¿Cuál es la actitud que destruye la comunión entre padres e hijos? Dile al Señor: "Señor, yo puedo fallar, pero Tú tienes misericordia sobre mí. Tú puedes salvarme". No merecemos tu amor, es Tu gracia la que puede ayudarnos.

Verdades para atesorar

Mientras más conoces a Dios, más humilde te vuelves. No dejes que el orgullo te aleje del propósito. Viene un tiempo de revestimiento sobre tu vida, y el Señor te está alineando, trayendo memoria y a la luz lo que te ha estado impidiendo avanzar. Hay nuevos regalos especiales que Dios te va a dar, porque el precio más alto ya lo pagó en la cruz del Calvario. Recibe Su gracia, Su amor. Toda mentira del infierno caerá. Ya no son necesarios sacrificios humanos, porque Su amor lo cubre todo. Nunca dudes que Él te ama.

Hoy, decidimos reconocer que necesitamos de Ti. Gracias por Tus respuestas, Señor, porque pude entender que había orgullo en mi corazón. Era el dolor que protegía ese profundo sufrimiento en mi alma, esos traumas, esas palabras de desprecio de cuando me dijeron que no iba a poder llenar el propósito de Dios en todo lo que Él quería de mí.

En aquel momento me volví nerviosa, hablaba más fuerte y quería demostrar algo a la gente, porque esas palabras de maldición entraron en mi corazón. En lugar de ponerlas delante de Ti, intenté solucionarlo con mi fuerza. Pero gracias, porque un día como hoy, Tú trajiste luz y un cambio a mi vida, a mi familia, a mi ministerio, a mi relación con mis padres. Gracias, Jesús, porque el orgullo se fue, y pude ver a mis padres con compasión. El orgullo se fue y pude entender su historia. La ceguera del orgullo desapareció. Un día, me reconocí y me arrepentí, y no hablo solo de palabras, sino de lo que realmente ocurrió en mi vida.

> **"El orgullo se fue, y pude ver a mis padres con compasión."**

En esta misma autoridad, declaramos el auto perdón y recibimos el perdón, porque la culpa es lo que el enemigo ha usado para sacarnos del lugar del propósito. El dolor es lo que no te permite vivir plenamente. Suelta el dolor, no lo acaricies más. Deja que se vaya, y haz el intercambio por Su amor y Su perdón. Los cielos están abiertos para escucharte y para que te arrepientas. Suelta la culpa, porque es la puerta que el enemigo está usando para matarte. Arrepiéntete y dile al Señor: "He pedido perdón a patrones de forma inconsciente, pero hoy me arrepiento y deseo ser diferente". Hoy comienza una nueva temporada. Viene un nuevo tiempo después del arrepentimiento. La gracia y el poder de Dios se manifestarán. No hay nada más hermoso que vivir sin orgullo. No hay carga más pesada que el orgullo. Un matrimonio bendecido, negocios prosperados, unción de emprendimiento que se manifiesta. Si tienes que sentarte a pedir consejo, lo harás. El orgullo no te detendrá. No dejes que el orgullo te impida vivir lo nuevo de Dios en tu vida.

> "No hay carga más pesada que el orgullo."

Discierne los tiempos

Estamos en los últimos tiempos y debemos buscar estar guardados en Jesús. Puedo ver en esta historia que el Señor siempre quiere cuidarnos del mal, así como creo que quiere hacerlo en la actualidad.

Ezequías[21] cayó gravemente enfermo y llegó el profeta diciéndole que ordenara su casa; de lo contrario, moriría. Ezequías buscó a Dios de todo corazón, y Dios escuchó su oración y le entregó una palabra: promesa de sanidad, añadiendo 15 años de vida.

Hablamos de la historia de un hombre que la Biblia menciona como íntegro, y en otros pasajes se afirma que fue uno de los reyes más íntegros ante la presencia de Dios. Era un hombre que se dedicó a derribar todos los altares levantados para adorar a otros dioses; un hombre que, a pesar de su corta edad, estaba realmente decidido a hacer lo mejor para Dios y a servirle con todo su corazón.

---
21. Ver 2 Reyes 18.

La Biblia nos cuenta que, cuando tenía 39 años –o sea, cuando aún era joven–, Ezequías recibió la mala noticia de que le quedaba poco tiempo de vida y que debía poner en orden su casa y su vida. Cuando uno piensa que Dios habla de poner en orden la casa, solemos imaginar la casa terrenal, la física; pero lo que Dios le estaba diciendo era que pusiera en orden su casa, es decir, su familia.

En general, la Biblia señala que él andaba bien delante del Señor, por lo que no había nada en su vida espiritual que pudiera reprocharle. Por ello, Dios le habló específicamente de su casa, de su familia. Él era un hombre muy próspero, y el pueblo gozaba de esa prosperidad. Era un hombre que diezmaba, ofrendaba y no tenía reparos en adorar o derribar altares. Sin embargo, Dios se refería a la casa, a la familia de Ezequías, que debía poner en orden. La Biblia relata que él se puso muy mal, lloró y clamó: —Señor, tú prometes que tendremos largos días de vida si andamos delante de tu presencia.

Por la integridad que tenía –pues no fue a reclamar como cualquier persona, ya que no había recibido un diagnóstico de un médico, sino que la palabra venía del Señor a través del profeta Isaías, un hombre de palabra cuya profecía se cumplía–, Ezequías decidió recurrir a Dios, porque no había otra opción. Con tanta osadía e integridad, y entre lágrimas al verle, "Señor, Él clamó, y entonces Dios dijo: —Está bien, te añadiré 15 años más de vida."[22]

---

22. Ver 2 Reyes 20:5.

La Biblia cuenta que Ezequías no se quedó solo con la palabra; el profeta Isaías dijo: —Sé que cada vez que Dios habla algo, lo respalda con una señal física. Entonces, Ezequías quiso conocer cuál sería esa señal. El profeta Isaías le explicó que la sombra podía retroceder 10 grados o adelantarse 10 grados.

Ezequías respondió: —Adelantarse es muy fácil; pero yo quiero que retroceda. Tenía tanta osadía que dijo: —Dios moverá el universo solo para respaldar lo que dice, y yo quiero que se haga lo más difícil. Realmente quiero saber que Dios me dará muchos años más de vida.

Y así fue. No sé si pueden imaginar la profundidad de la comunión que tenía Ezequías con el Señor, hasta el punto de pedirle: —Cambia el curso del universo para darme una señal. Es decir, la tierra estaba girando y realmente retrocedió, porque Dios necesitaba confirmar esa palabra sobre Ezequías.

La Biblia nos relata lo sucedido después de todo esto, pero lo que quiero que compartamos es lo siguiente: muchas veces vivimos sin planificar o sin pensar en lo que sucederá cuando ya no estemos con nuestra familia. Dios le estaba diciendo a Ezequías: —Mira, tu vida ya está a punto de partir; ya puedes venir a vivir conmigo. Pero aún te falta poner en orden tu casa, cuidar a tu familia y preservar el legado de lo que haces para que ellos continúen tu obra.

A veces estamos en la fila y no sabemos cuándo llegará el momento de ir con el Señor. Creo que, si estamos caminando con Él, podremos decir al hermano: "Pasa tú adelante", porque nadie desea partir. Pero realmente, debemos detenernos y reflexionar: nuestra vida en esta tierra tiene un final, aunque Dios nos promete vida eterna. Mientras estemos aquí, estamos sembrando algo, y tenemos que ser conscientes del tiempo que vivimos. No basta con vivir; es necesario hacerlo de forma intencional, sembrando lo que cosecharemos.

La Biblia dice en Apocalipsis 14:13 que son bienaventurados los muertos que mueren en el Señor. No nos llevaremos de esta tierra nuestro trabajo, ni el dinero, ni la casa, ni los bienes materiales; pero la Biblia dice que algo nos acompaña: las obras. Esas obras que realizamos en la tierra serán nuestra recompensa en el cielo. Por eso, debemos preguntarnos: ¿qué tipo de obras estamos sembrando hoy? Porque estas obras nos acompañarán por la eternidad. No podemos vivir de forma inconsciente, diciendo "deja, que cada día es un nuevo día". Tenemos que reconocer que nuestra estancia en esta tierra es pasajera y, por ello, actuar con intencionalidad.

Quizá pienses que iba a declararte una palabra de victoria de fe, pero lo que quiero decir es que sí existe una victoria, y esa victoria es eterna. Sin embargo, debemos ser conscientes y mantenernos enfocados en ello.

La Biblia dice que este hombre oró, y el Señor fue bondadoso con él. Me dirás: "Pastora, ¿cómo es que Dios es bondadoso si le dio un diagnóstico y le mandó a poner en orden su casa, pues iba a morir? Pero Ezequías tenía tanta comunión con Dios –y Dios con él– que velaba por su vida y dijo:

—No te quiero agarrar de sorpresa. No quiero que lo que te sucede sea solamente para ti, sino que las obras que realices puedan continuar.

Estas palabras que vienen de Dios son un cuidado, una profecía que a veces no queremos recibir ni escuchar; que, aunque aparentemente es dura, en realidad es el cuidado de Dios por nuestras vidas, es Él diciendo: "¡Prepárate!"

Las vírgenes[23] eran diez, pero cinco se prepararon y cinco no lo hicieron, porque el novio va a venir. Usted, quiera o no, llegará el momento en que sonarán las trompetas y el Señor lo llevará al cielo. Por eso, debemos ser conscientes: si es necesario, prepárate; no hay otra opción, porque los que no se preparan, se quedan.

A mí me toca muchas veces estar preparada para viajar en cualquier momento, y siempre tengo mi maleta lista. He aprendido a reírme de esto, pues en la vida debemos tener nuestra maleta preparada. Por ejemplo, mi esposo, cuando va a viajar, comienza a preparar su maleta media hora antes; en cambio, yo empiezo cuatro días antes, haciendo un listado para ver cómo está el clima allá. Él me dice:

—Glau, ¿por qué te haces tanto problema? Imagínate que yo tuviera que hacer cinco maletas. Luego comenta que no necesita llevar nada más que lo justo, arma su maleta con lo esencial y no se preocupa por el clima. Casi siempre, él actúa al

---

23. Ver Mateo 25.

revés: cuando es invierno, lleva ropa de verano, y viceversa. Así que aprendí a dejar que él haga su maleta. A veces me dice:

—Glau, ¿tienes algo para que me pueda afeitar? Y yo le respondo: —No, tú dijiste que preparabas tu maleta. Él contesta: —Glau, ¿tienes una media? Y yo digo: —No, no tengo, porque tú ibas a preparar tu maleta.

Entonces, él prepara su maleta a última hora y dice que así le va bien, pero siempre está faltando algo. Llega a decir: "Cualquier cosa, compro en algún lugar". Una vez se fue y olvidó el zapato; estaba todo de traje y, en ese tiempo, no era moda usar traje con zapatos deportivos. Además, no tenía un calzado que se pudiera conseguir fácilmente, así que, al llegar al lugar, estaba todo cerrado. Un hermano le prestó unos zapatos, aunque de tallas menores. Mira, yo no sé si fue por el salto de la presencia del Señor, o porque el zapato era incómodo, o simplemente le apretaba el pie. Yo le dije: "Ah, viste que tú podrías armar tu maleta".

A mí me gusta llegar con tiempo; sé que puedo llegar a un lugar y no encontrar lo que necesito. En la vida, debemos tener preparada la maleta de nuestra vida espiritual, ya que no sabemos en qué momento nos tocará ese vuelo que nos lleve a la presencia del Señor. Puede ser la trompeta o una enfermedad; no sabemos qué puede ser lo que nos lleve a Cristo, y nosotros no podemos decir: "¡Ah, momento, Señor! Me falta algo en la maleta; tengo que hablar con mi hijo, tengo que arreglarme con la hermana; ya no habrá tiempo".

Por eso, el mensaje de las vírgenes es tan importante: Dios nos llama a ser un pueblo entendido de los tiempos, un pueblo preparado y listo para cualquier momento en que Él diga que nos toca viajar; no necesitamos estar pidiendo prestado nada a nadie. Dios está diciendo hoy: "Prepara tu casa". Evidentemente, Ezequías no entendió esto, ya que la Biblia nos cuenta que, cuando recibió el mensaje de que le iban a añadir 15 años para que preparase su legado en Israel, el rey decidió disfrutar la vida.

Conocí a una persona muy cercana a quien, cuando tenía 12 o 13 años, le dijeron que tenía un problema en el corazón y que viviría poco tiempo. La mamá de este muchacho le dijo: "Disfruta de la vida, haz todo lo que quieras, porque te queda poco tiempo". Entonces, dejó de estudiar, se metió a salir de noche, empezó a tomar, a drogarse, a divertirse, pues creía que le quedaba poco tiempo de vida.

Con el tiempo, dejó embarazada a una muchacha, y aunque la madre de esa muchacha nunca se hizo cargo de su hija, milagrosamente el muchacho recibió sanidad. Hoy en día tiene treinta y algo años, pero nunca pudo recuperarse de todo lo que hizo en su adolescencia. Hasta hoy depende de su madre; se casó y se divorció, porque él quería vivir la vida. Es decir, ya fue sanado, pero su mentalidad quedó cautiva a ese diagnóstico. Sobre todo, su mamá le daba dinero para que siguiera drogándose, pues decía: "No sé en qué momento mi hijo va a partir, así que disfruta toda la vida". Ezequías no fue diferente. Cuando le dijeron a los 39 años que lo llevarían con Él, él pensó que, a los 54 años, ya no viviría y lo único que haría sería disfrutar. No vio que Dios le estaba dando una palabra de cuidado, pero esa palabra la tomó para el otro lado.

Ezequías tuvo un hijo llamado Manasés, y a los 54 años murió. La Biblia cuenta que el profeta regresó a ver a Ezequías, quien aún estaba viviendo esos 15 años alargados por el Señor. Vino un enviado del rey que quería mostrarle todo lo que había hecho: la exuberancia, sus conquistas, sus palacios; y la Biblia dice que no hubo un rincón del palacio que el rey Ezequías no le mostrara. Cuando vino el profeta y le preguntó: "¿Le mostraste todo a esta persona?", Ezequías respondió: "No hubo nada que yo no le mostrara". Entonces...

> *Oye la palabra del Señor: Sin duda vendrán días en que todo lo que hay en tu palacio y todo lo que tus antepasados atesoraron hasta el día de hoy, será llevado a Babilonia. No quedará nada —dice el Señor—. Y algunos de tus hijos, tus descendientes, serán llevados para servir como eunucos en el palacio del rey de Babilonia.*
>
> (2 REYES 20:16-18 NVI).

Dios estaba diciendo que ya no tendría más descendencia, porque cuando un hombre es llevado a ser eunuco, ya no puede ser padre, ya no puede generar hijos. El Señor le estaba diciendo: "Tu descendencia se detendrá aquí, porque has revelado tus tesoros a personas a las que no debías revelarlos". ¿Y sabes cuál fue la contestación de Ezequías? "Está bien, por lo menos no será en mi tiempo". Fue el mayor instrumento de avivamiento de su tiempo, y la Biblia dice que no hubo antes ni después un rey como Ezequías. Sin embargo, también dijo: "No me importa lo que suceda con mis hijos, me importa mi reputación".

Muere Ezequías y comienza a reinar Manasés a partir de los 12 años, reinando durante 55 años. Hizo lo malo delante de los ojos de Jehová, porque volvió a edificar los altares y lugares altos que su padre había derribado, y adoró a dioses extraños. Y lo más fuerte fue que sacrificó a su hijo en el fuego y colocó una imagen de un ídolo en la casa que estaba destinada para Dios, incitando a otros a hacer aún peor que todas las naciones que Dios destruyó ante los hijos de Israel.

¿Cómo es posible que el hijo del mejor rey de Israel se transformara en el peor? No es de imaginar que edifiques una casa para el Señor y, en ese mismo lugar, tus hijos establezcan un culto de adoración a Satanás. No entra en la mente humana que se llegase a sacrificar a los hijos en el fuego dentro de la casa que había sido consagrada a Dios. Y me dirás, "Pastora, ¿por qué sucedió esto?". Es que Ezequías, al malcriar a Manasés, no le enseñó el camino que debía andar; no se preocupó por la generación.

Dios nos llama no solo a mirar por nosotros, sino también por las próximas generaciones, y si no vivimos de forma consciente, lo que construimos terminará en destrucción. Cuando entras en una casa y esa persona expulsa al enemigo, este no viene solo, sino que viene acompañado de otros; el enemigo está empeñado en destruir esta generación. Yo quiero creer que Dios está levantando un pueblo en favor de los niños, de las generaciones y de los matrimonios. Esto es tan impactante que me hace decir: no puede ser que alguien, tapándose los ojos y viviendo solo para aparentar, cause tanto daño, cuando lo más importante que Dios nos ha confiado es la familia.

La Biblia dice que hubo un hombre, Abraham, a través del cual serían benditas todas las generaciones. El Señor lo llamó para que, a partir de ese momento, todo lo que naciera en Israel fuera circuncidado, como señal de un pacto ante Dios que demostraba la fidelidad de Su palabra.

En el Antiguo Testamento, Dios decía muchas veces: "No dejes que esta palabra se caiga; repítela a tus hijos, repítela a tus generaciones". Si miras la Biblia, verás que los avivamientos duraron una generación, pero la siguiente ya no los vivió; una generación experimentaba el avivamiento y la otra se apartaba. Porque cuando uno vive en tiempos de abundancia y alegría, no se preocupa por compartir ni por enseñar la Palabra a sus hijos. Por eso Dios dijo: *"Este es mi pacto, que guardaréis entre mí y vosotros y tu descendencia después de ti: Será circuncidado todo varón de entre vosotros."*[24] Y me podrás preguntar, Pastora, ¿de tantas partes del cuerpo, por qué elegir el órgano reproductor del varón para marcar un pacto? Pues Dios no hace nada en vano.

Para aquel tiempo, un pacto de sangre era muy importante, y eligió este órgano porque dijo que, cuando el niño naciera, se dejaría una cicatriz; y cuando fuese joven y comenzase a

---
24. Ver Génesis 17:10.

tener la capacidad de procrear, se acordaría de este signo. Fue consagrado para tener hijos bendecidos y no para tener hijos de perdición, pues no había otra parte del cuerpo que se marcara de manera tan evidente. El varón tenía un pacto con Dios de seguir pasando las enseñanzas de generación en generación. Hoy en día, los varones no se circuncidan, pero tienen la habilidad y la elección de seguir enseñando a sus hijos, que son la nación elegida, un pueblo escogido, un sacerdocio real, separados para servir y adorar a Dios. El pacto de sangre se hizo en la cruz del Calvario; a nosotros nos toca la parte fácil: compartir que nuestro Dios es un Dios real.

La Biblia nos habla del profeta Samuel. En 1 Samuel 12:1-5 se nos muestra a un hombre íntegro que no tomó nada que no le correspondía. Todo el pueblo daba testimonio de su rectitud, tanto delante de ellos como delante de Dios. Sin embargo, cuando Samuel envejeció, puso a sus hijos como jueces[25]. A pesar de haber sido un gran hombre de Dios, sus hijos no siguieron su ejemplo y se dejaron sobornar.

El pueblo pidió a Samuel un rey. Hasta ese tiempo, el Rey de Israel era Dios. Mira lo peligroso que es cuando sacamos a Dios del trono: con una sola generación se puede perder todo. Samuel fue un padre que se ocupó de cuidar a todo el pueblo, pero no cuidó de sus hijos. Descuidó su casa y eso cambió la historia de Israel.

El pueblo pidió un rey, y Samuel, entristecido, dijo: "Yo hice todo mi trabajo y fui delante del Señor". Pero Dios le respondió:

---
25. Ver 1 Samuel 8:1.

"Samuel, no te desechan a ti, sino a mí". No era que Samuel no hubiera hecho un buen trabajo con el pueblo, sino que había fallado dentro de su casa. Fue a partir de ese momento que Dios dejó de ser el Rey de Israel.

No se trata solo de cuánto oras, cuánto evangelizas o cuánto le hablas a otros de Dios. Se trata de lo que haces dentro de tu casa para impartir fe a la nueva generación. No se trata de tu nombre, ni de cuántos seguidores tienes. Se trata de los que vienen detrás de ti, de aquellos que darán continuidad a lo que Dios prometió.

Hay que sacar la mentalidad egoísta y dejar de pensar solo en uno mismo. Esta generación que estamos viviendo es fuerte, pero la próxima tiene que ser aún mejor. Nuestra responsabilidad es cuidarla.

Hace unos días hablaba con mi mamá, una mujer que no tuvo muchos estudios ni me dejó una herencia financiera, pero me dijo: "Me alegra tanto por lo que Dios está haciendo en la vida de ustedes, aunque yo no les haya dejado grandes cosas". Entonces, le respondió: "Mami, tú has dejado el mejor legado. He visto mega iglesias, grandes predicadores y amigos con gran reconocimiento. Pero cuando pienso en alguien que me bendice con su fe, la primera persona que viene a mi mente eres tú. No puedo recordar a otra persona con una fe tan inquebrantable. Mami, la mejor herencia que me has dado es enseñarme el camino. No hay viaje, regalo o posesión que se compare con el ejemplo que me diste al orar y creer por la conversión de mi papá durante nueve años, todos los días a las seis de la mañana".

Mi mamá es una mujer que, cada vez que iba a servir al Señor, dejaba su casa en orden. Dejabas la comida hecha para que mi papá no tuviera motivo de reclamo. Fuiste perseverante en la oración. No tenías mucho dinero, ni muchos estudios, ni recursos, pero me preparaste y me formaste para vivir el empate.

Gracias a Dios, conozco muchos lugares y personas. Pero cuando necesito oración, lo primero que pienso es en mi mamá y mi papá. Es hermoso tener la convicción de que alguien ora por ti todos los días. No sé si la gente de la iglesia o las personas que he conocido alrededor del mundo oran por mí, pero sé que mis padres lo hacen. Sé que mis pastores también lo hacen.

Mis pastores tienen una iglesia pequeña, sin gran reconocimiento, pero son un hombre y una mujer de Dios que oran por mí. Lo sé porque cada vez que llego a la iglesia los escucho orando por mí, por mi familia y por mi esposo. No es solo que me digan: "Estamos orando por ti", sino que los he escuchado hacerlo.

No busques que alguien de afuera sea la referencia para tu casa y tus hijos. Tú eres la persona con mayor impacto sobre ellos y sobre quienes te rodean. Yo puedo venir a predicar, cualquiera puede venir a traer una palabra, pero ninguna prédica marcará más que el ejemplo dentro de tu hogar. Puedes lograr todo lo que te propongas en Cristo, quien te fortalece. No es cuestión de habilidades, sino de fe. Lo que pasará a la siguiente generación no será tu conocimiento ni tus talentos, sino tu fe y tu perseverancia. Que no se repita la historia del mejor rey, del mejor general o del mejor profeta de Israel que tuvo hijos corruptos. Samuel fue intratable, pero perdió su generación. No cometas el mismo error. Trabaja, ora y esfuérzate para ser un ejemplo en tu casa.

A mis hijos siempre les digo: "Lo que alegra el corazón de mamá es que sean temerosos del Señor". No exijo que sean pastores, profetas o ministros, solo que hagan lo que Dios les ha llamado a hacer en este mundo, pero con temor a Dios.

Mi hijo Lucas, con solo nueve años, comenzó a leer la Biblia. A los diez años, la terminó de leer, desde Génesis hasta Apocalipsis. Lo hacía conmigo o con mi mamá, y cuando yo no estaba, lo hacía con su abuela. Escribía lo que entendía porque luego tenía que comentármelo. A sus catorce años, ya había leído la Biblia completa otra vez.

Deberíamos preguntarnos: ¿cuántos años llevamos en la fe y aún no hemos leído la Biblia por completo? ¿Hemos leído de principio a fin lo que creemos que es nuestro manual de vida? Cuando leemos la Biblia en familia, podemos recibir nuevas revelaciones.

La Biblia dice que debemos enseñar "en el camino". Enseñar el camino es decir "lee la Biblia", pero enseñar en el camino es dar el ejemplo. Sentarnos y leer juntos. Caminar en la fe. Cuando le digo a mis hijos que no mientan, debo darles el ejemplo. Si me equivoco, tengo que pedirles perdón y reconocer mi error.

Hace unos días, mi esposo reprendió muy fuerte a Lucas y tuvo que pedirle disculpas. Asumió que se había equivocado delante de su hijo. Eso es enseñar en el camino, ser el ejemplo. Si hoy Dios te ha hablado de esta manera, es porque quiere cuidar de ti y de tus generaciones.

Oración

Padre, gracias por este tiempo. Gracias por esta hermosa Palabra. Gracias por dejarnos escrito lo valioso que fue Ezequías como un avivador, un hombre que derribó altares paganos y levantó altares para ti. Un hombre a quien sanaste y cambiaste su diagnóstico de muerte de por vida.

Gracias también por dejarnos escrito lo que sucedió después de su muerte. Señor, líbranos de decir, como dijo Ezequías: "*Al menos mientras yo viva, habrá paz y seguridad*", sin tener en cuenta nuestras generaciones. Líbranos de esa mentalidad egoísta.

Ayúdanos a cuidar de los niños, de los adolescentes, de los jóvenes, de nuestros hijos, nietos, sobrinos y vecinos. No queremos fama a cambio de sacrificar nuestra familia. No queremos tener que pasar por el fuego y destruir a los nuestros. No permitamos que entreguemos a nuestros hijos a cambio de un ministerio o una reputación.

Ayúdanos a amarte sobre todas las cosas, a cuidar tu obra sin descuidar nuestro hogar. Que las obras que llevamos al cielo sean preciosas ante ti. Señor, ayúdanos a caminar en tu camino y a enseñarles a los que vienen detrás cuál es el camino correcto.

Gracias por la vida de mis padres. Gracias por cada hombre y mujer que, aunque no deje riquezas, deja un legado de fe, integridad y temor a ti.

Guarda nuestra generación. Que los altares que levantemos para ti no sean destruidos por nuestros hijos.

Señor, te damos gracias. Amén.

PALABRAS FINALES

Termino este libro anhelando que el mensaje del Dios que nos ama haya alcanzado tu corazón.

Todo ser humano nació con el propósito de amar y ser amado. A lo largo de los años el enemigo logró distorsionar esa verdad de Dios, porque él es especialista en agarrar una verdad y distorsionarla; fue así desde del primer pecado de la humanidad.

Mi anhelo al escribir ese libro fue que podamos entender que no necesitamos hacer nada para comprar el amor de Dios. Él nos amó antes de que lo conociéramos, así como los que son padres aman a sus hijos antes de verlos. Pero, así como muchos hijos piensan que necesitan hacer algo para ser amados por sus papás, muchos tenemos esa misma idea sobre Dios. Yo también la tuve; por eso mismo, sirviendo a Dios toda mi vida, estaba atada a creencias de esclavitud.

Al compartir mis experiencias desde lo más profundo de mi corazón, deseo que sean como una llave a la libertad y que no necesites tanto tiempo para darte cuenta de esa gran verdad.

La Biblia dice que por las heridas de Jesús fuimos sanados, y yo entendí que las heridas emocionales que yo tuve por muchos años no fueron sanadas solo para que yo viva una vida abundante, sino para que cumpla el propósito de sanar a otros. Deseo que esta lectura te haya traído más claridad, y que, así como la Biblia está llena de ejemplos a seguir, esa misma verdad de Dios sigue teniendo efecto hoy porque yo soy fruto de ella.

Termino orando por ti, lector(a), rogando a Dios que, si ya fuiste herido por alguien que debería amarte, que, si tuviste malas experiencias y hasta pensaste cosas erróneas sobre Dios, los ejemplos humanos y la religiosidad, puedas invitar al Espíritu Santo a que te revele el amor, el cuidado, y la verdadera identidad de Dios para ti.

Tú, que quizás recién estás empezando en el Señor, que sea un alerta para que no entres por el camino equivocado. Oro para que tengas deseos de escudriñar la Palabra de Dios, y que Él te presente los amigos de Él, personas idóneas que te amen tal como eres y que te puedan ayudar a crecer en todas las áreas de tu vida.

El Señor te recuerda que la clave está en amar a Dios porque Él ya te ama con un amor incondicional, te acepta como fuiste creado, porque eres único y tienes un propósito como tú eres, y, por último, amas a los demás con el mismo amor, compasión, misericordia, que Él te ama.

Te bendigo con toda bendición que Dios tiene para tu vida. Sé libre, auténtica, vive el evangelio genuino.

ACERCA DE LA AUTORA

Glaucia Oliveira es una mujer de fe y dedicación, cuyo camino ha estado marcado por un profundo compromiso con su espiritualidad y su familia. Nacida en Brasil, en el hermoso estado de Espíritu Santo, desde pequeña conoció el amor y la enseñanza del Señor. Su vida estuvo llena de momentos significativos, especialmente cuando, junto a su madre, oró fervientemente por la conversión de su padre. Hoy se siente orgullosa de verlo haberse contenido en un apóstol a las naciones.

A la edad de 18 años, Glaucia tomó una decisión que cambiaría el rumbo de su vida: se inscribió en una escuela misionera donde fue formada en los principios del cristianismo y el servicio. Fue en este entorno donde conoció al profeta Ronny Oliveira, quien se convertiría en su esposo. Su relación se desarrolló bajo los preceptos cristianos, lo que les permitió construir una base sólida para su matrimonio. Después de un noviazgo lleno de amor y respeto, decidieron casarse y juntos iniciaron una nueva etapa, siendo enviados como misioneros para empezar una obra en otro país, Argentina, ciudad de Santiago del Estero.

Este cambio significó dejar atrás su amada tierra natal para enfrentar los desafíos del desierto, el calor santiagueño y una diferente cultura. Sin embargo, Glaucia vio este sacrificio como parte de su misión divina. Junto a Ronny, fundaron la congregación Nueva Alianza en Argentina, donde han estado sirviendo durante más de 18 años, y que se ha multiplicado en más de 20 iglesias esparcidas por el país. En este tiempo, han visto crecer su ministerio, estableciendo pastores a su cargo y brindando apoyo y consejo a muchas mujeres alrededor del mundo.

Glaucia es madre de tres hermosos hijos: Gabriel, Lucas y David; además de un bebé que ahora descansa en los brazos del Padre. Su mayor deseo es ser vista por su esposo e hijos como una mujer virtuosa, un modelo a seguir que encarna la fe y el amor que profesa. A través de sus acciones y dedicación, Glaucia Oliveira continúa inspirando a quienes la rodean y demostrando que el servicio a Dios puede transformarse en una vida plena y significativa.

www.ingramcontent.com/pod-product-compliance
Lightning Source LLC
Chambersburg PA
CBHW070318010526
44107CB00004B/352